新・保育環境評価スケール［別冊］

保育コーチング

●ECERSを使って

ホリー セプロチャ［著］
Holly Seplocha
埋橋玲子［監訳］
Uzuhashi Reiko
辻谷真知子
宮本雄太
渡邉真帆
［訳］

Coaching with ECERS

法律文化社

Coaching with ECERS:

Strategies and Tools to Improve Quality in Pre-K & K Classrooms

by

Holly Seplocha

はじめに

本書は，ECERS-3の邦訳『新・保育環境評価スケール① 3歳以上』を用い，保育者に対してコーチングを行う際の手引書です。ECERSとは，アメリカで開発された，保育の総合的な質の測定尺度です（読み：エカーズ＝*Early Childhood Environment Rating Scale*）。ECERSの初版は1980年に発行され，以後，アメリカの国内にとどまらずヨーロッパ，アジア，南米へと使用が広がり，多くの調査研究や保育の質の向上に用いられています。改訂を重ね，現在の第3版ECERS-3に至りました。

保育の質の定義は困難であり，質とは，大きくは国や地域などその所属する文化，小さくは個人の感覚や価値観に依存するものです。しかしこのような定義の困難さがあるとしても，ECERSというアメリカの保育環境の質の測定尺度は，国境を越えて多くの人々に使用されるようになりました。ECERSの原著者らは，保育の質について次のような3つの基本的な要素を強調しています。

- 子どもの健康と安全の担保
- 子どもの社会情動的発達と周囲の大人や子どもとの肯定的な関係の構築
- 子どもの実体験を通しての学びを育み，好奇心を刺激する環境

これら3つの要素の重要性は，国や文化の違いを超えて多くの人に共有されるものではないでしょうか。

私は2004年以来，新・旧，3歳以上・3歳未満児の集団保育を対象とする『保育環境評価スケール』（ECERS，ITERS＝*Infant Toddler Environment Rating Scale*）によるコンサルティングを行ってきました。数名の人と午前中に約3時間クラスに入り，評価スケールに沿って観察を行い，午後数時間かけて結果の検討を行うという形をとります。評価スケールを手に保育をじっくりと観察し，共通の枠組みをもとに話し合うというスタイルです。

昨今は幼児教育アドバイザーなどの需要が生じてきています。コーチングに

対する需要，キャリアパスの具体的な根拠などが求められています。『保育環境評価スケール』は，経験と勘を具体的な保育実践の枠組みに落とし込んでいけるツールとも言えましょう。そして，このツールを使いこなせるための導き手，すなわちコーチの育成が，評価スケールが活用されるために求められます。

「子どものために最善の実践を行う」これが本書のコンセプトです。この基本理念のもとに，アメリカという国の，日本とは少し違う文化の香りも楽しんでいただければと思います。

保育をよくしていくことは保育者，園長，コーチの共同作業です。本書が三者のよりよいチームワークの一助となることを期待しています。

2019年12月

埋 橋 玲 子

目 次

第2部
ECERSの項目を用いたコーチング

【注】

＊　本文中では原則として『保育環境評価スケール』ではなく，ECERS という原語を用いています。

＊＊　ECERS-R と ECERS-3 の日本語訳は順に，『保育環境評価スケール①幼児版』（2004年初版発行）と『新・保育環境評価スケール① 3 歳以上』（2017年発行）ですが，現在は版権の関係で日本では後者のみ使用されています。翻訳についてその点を勘案し，日本の読者に理解しやすいように調整しました。

ECERS 著者による前文

1980年にテルマ・ハームスとリチャード・クリフォードがECERS（読み：エカーズ，*Early Childhood Environment Rating Scale* ＝保育環境評価スケール〔幼児版〕）を出版して以来，評価スケールは保育の質の向上を第一目的として使われてきました。時が経つにつれ，著者らは幼児教育に携わる人々から，幼い子どもたちに質の高い保育＝教育とケアを提供するには何をするべきか，と問われるようになりました。そこで著者らは，質を向上させるための道筋を示すものとしてECERSを渡したのです。その後，評価スケールの対象が家庭的保育，3歳未満児保育，学童保育と広がり，新たな著者が加わり，改訂も重ねられていきました。子どものために保育の質を測定し向上させるという，評価スケールの目的はまったく変わっていません。

評価スケールが保育の質の向上のために使われてきたことには長い歴史があります。自園の保育をよくしていこうとする人々は，保育室の設計，設備や用品の整備，保育者のトレーニングにあたって，ECERSなどの評価スケールを参照するようになりました。アメリカ軍は，1980年代初めに海軍と陸軍基地内の保育設備の充実のために評価スケールを組織的に利用し始めました。ほどなく，個別の園や地方自治体，そしていくつかの州がECERSに従って保育の質の向上をめざすようになりました。その後，海外にも評価スケールを用いて保育の質の向上をめざす動きが広まりました。

現在アメリカでは，ECERSがQRIS（=Quality Rating Improve System 保育の質測定と向上システム）の枠組みのなかで多用されています。このQRISでは，ヘッドスタートのような大規模なシステムと同様に，幼児教育・保育の分野に現場の保育者とともに質の向上をめざす専門家の数を増大させました。指導主事やアドバイザー，メンター，研究主任その他名称は何であれ，多くの人々が子どもたちのよりよい発達と学びの芽生えを育むために，現場の保育者とともに何をどう変えていけばよいか，多くの挑戦に直面するようになったのです。

自分より経験を積んだ保育者と和やかに語らいながら，新人コーチが導く立場とならなくては，質の向上をもたらす努力が実を結びません。しかし，これは骨の折れる仕事でもあります。しばしば「出たとこ勝負」的な仕事でもありました。とはいえ，コーチとともに質の向上に取り組んだ園の保育には変化が起きたことが，徐々に明らかになってきました。これからコーチとなる人にとって，その仕事の基本となる参考書があったならば，コーチングという仕事の困難が少なくなることでしょう。

スケールの著者らは，評点のつけ方やスケールが求めるものを理解するためのトレーニング教材を開発してきました。他のグループや個人も，評価スケールが求めるものは何かを説明することで，質の向上につながる教材を開発しようと努力してきました。とはいえ，コーチが手にとって「なんと，これからやらなくてはならないことが書いてある。これがやるべきこと」と言いたくなるような教材はありませんでした。本書は，とりわけ，ECERSを用いながら質の向上を推進しようとするコーチングの専門家にとって待望の書でありましょう。

本書には，ECERSを用いて保育の質を向上させようとするコーチングの際に常に悩ましいことがらについて，熟慮された見解が示されています。本書の著者は，保育の評価と質の向上に多くの功績があります。コーチは，子どもにとって有益な変化を引き起こす現場の保育者とともに，質の向上をどう推し進めるかに専心します。同時に，園の管理運営の担当者とどう相対するかについても留意しなくてはなりません。何を，いつ，どのように，そしてなぜ変わらなくてはならないかを話し合い，園長や保育者と建設的な関係を築きながら，変化を促す情報を与えてフォローアップし，ECERSのそれぞれの項目に沿っていくための細かな指導を行わなくてはならないのです。

コーチングの経験が豊かな人にとっても，そうでない人にとっても，本書は大変役に立つとわかるでしょう。コーチングのベテランは，忘れていたことを思い出したり，新しいアイデアを得たりするでしょう。一方で初心者は，助言の基本となる明快で現実的な考え方を知ることができます。コーチングにとって必要な，理論と具体的な方法の両方がわかります。

私たち保育環境評価スケールの著者一同は，このような必読書を書いてくれたホリーに感謝し，コーチングを行う人が日々直面する大変なことを，本書が少しでも容易にしてくれることを望みます。

Debby Cryer（デビィ・クレア）
Richard M.Clifford（リチャード・クリフォード）
Thelma Harms（テルマ・ハームス）
Noreen Yazejian（ノリーン・イェゼジアン）
ECERS 著者一同

謝　辞

子どもたちのために，長年にわたり保育室環境と教育実践の質の向上をめざし，私とともに働いてくださったたくさんのコーチ，主任，園長，スーパーバイザー，担任の先生に心より感謝申し上げます。皆さんのおかげで，私は学び続けてこれました。とりわけECERSをめぐるさまざまな疑問，就学前の幼児にとって何が最善であるかについての終わりのない議論をともにしたマリー・デブラシオとエミィ・ガウルに負うところが多くあります。第1章と保育者のコーチングについて惜しみない協力をしてくれたレニィ・ウェランに深く感謝いたします。

保育環境評価スケールの著者であるテルマ・ハームス，リチャード・クリフォード，デビィ・クレア，ノリーン・イェゼジアン諸氏には，ECERSの使用についてたくさんの会話，Eメールのやり取りをしてくださいまして感謝します。デビィ・クレアとキャシー・リリィ，そしてERSIチームには，私を信頼性の高いECERSの使い手に育ててくださったことに感謝します。信頼性トレーニングと討議では多くの学びがありました。ティーチャーズ・カレッジ・プレスの編集者サラ・ビオンディロには，執筆にあたり私のために割いてくれたたくさんの時間，ガイダンス，頑張り，とりわけ忍耐に感謝します。最後に，“今日は書けたの？”と私を優しく急かしてくれたマリア・コンフォルテの友情に特別の感謝を捧げます。

導　入：本書の構成

プレスクールと幼稚園の教師をやめた後，幼児教育を行う人たちの成長と保育実践の質の向上を助けることが私のライフワークとなりました。私はクラスの担任教師としてだけではなく，メンター，コーチ，スーパーバイザー，主任，園長，指導主事，研究者としても仕事をしてきました。複数の立場や職域を経験したことで，幼児教育の分野で最善の実践をもたらす視野を得て，この本の執筆に至りました。私はもてる情熱のすべてを，幼い子どものために教育の質を向上させることに注ぎ続けています。

幼い子どもたちの教育は限りない喜びを与えてくれますが，決して容易なことではありません。保育者であるとは，エネルギーを費やし，へとへとになり，わくわくし，困難に挑戦することであり，決して飽きることはありません。子どもといて楽しいだけで済むことはありません。幼児教育の実践者であるには次のようなことが求められます。

- 忍　耐
- 創造性
- 熱　意
- 柔軟性
- ユーモア
- 献身的な姿勢
- 多様性を受け入れること
- 幼児の発達と学びの芽生えについての知識と尊重の気持ち
- 家族それぞれのあり方の支援と尊重

高い質を担保するために評価が必須の時代となり，そのためにECERSが理解され，使われてきているのです。

コーチ，メンター，スーパーバイザー，園長などの立場で現場の保育者と協働していくには，幼児がどのように学ぶかということと，幼児の成長と発達を支える〈発達にふさわしい実践〉(=Developmentally appropriate practice, DAP)について理解していなくてはなりません。同時に，観察，フィードバック，大人を学びに仕向けること，質の向上の継続についてのスキルが必要です。そして，もちろん，ECERSを知り，使いこなすことです。

本書の構成

本書はECERSをコーチングのツールとして用い，幼児クラスの保育環境の質を向上させるための枠組みを示すものです。ECERSは幼児クラスの保育の全体的な質を測定する目的で使われていますが，本書はECERSの使い方を教えるためのものではありません。そうではなく，最善の実践が子どもにどんな利益をもたらすかという視点をもち，サブスケールを検証していきます。また，保育者や園長と協働するにあたってのやり方とツールについて示しています。保育室内外の物的環境を変え，子どもへの接し方を変えると，スコアは上がりますが，それは評価したその日だけのことではなく毎日のことであってほしいものです。

【第1部：コーチングについて】

コーチや園長が，保育の質の向上に役立つコーチングを行うには何をすればよいかについて示しています。

第1章　コーチングの基本

大人自身はどのように学び，幼児クラスの保育者の見せ場をどうセットするかについて概観します。開かれた対話とコミュニケーションがコーチングの基本であり，保育者や園長と関係性を築くことの重要性に焦点を当てています。

第2章　コーチの多くの役割

コーチングをどんな立場で行うのか，つまり同僚としてか，内部でなのか外部からなのか，園長などの施設管理者やスーパーバイザーのような職責があるのかどうか，立場によって異なることについて述べていきます。コーチングは，対象となる保育者がどのような経験と知識をもっているかを話し合って明らかにすることを基本とします。参考のために，アメリカのQRISコーチが実状に基づき，スケールを用いて次に何ができるか，施設管理者にどのように提案するかについて示します。

第3章　ECERSを用いたコーチング

保育環境を向上する手段としてECERSを用いる理由について述べます。ECERSを用いる目的は，スケールを用いて評価したその日だけスコアをよくしようとするのではなく，子どもの力が伸びることにあるのです。フィードバックの効果的なやり方，そして園や保育者の強みを伸ばすコーチングについても触れます。

【第2部：ECERSの項目を用いたコーチング】

この本の肝となるところです。

第4章ではどのようにサブスケールを使うか，そしてECERSのポイントについて述べます。第5章から10章までは個別のサブスケールの内容についてですが，どの章も同じ構成となっています。各サブスケールがどう子どものためになるのかについて始まり，保育者が日々の実践を変えていくために，すぐに簡単にできることと，時間をかけて変えていくことのそれぞれを提示します。そして，良質な保育をより質の高い保育に変えていくためのもう一歩を踏み出すためにおすすめのやり方を示します。それぞれの章に，コーチが職員会議，専門性研修，ワークショップなどで使えるアイデアを入れてあります。

【第3部：総まとめ】

項目を軸としたコーチングの合わせ技を示します。

第11章では，研修のあり方やコーチと園長のパートナーシップについて述べます。そのなかには，ECERSを使っての質向上のヒントもあります。第12章では，出発点に立ち返り，なぜECERSなのか，そしてECERSを用いてのコーチングの目的（子どものための保育の質の向上）を再確認します。さらに，問題に対してあいまいな態度をとらないためのやり方と理由を合わせて示しました。「絶対にしてはいけないこと」のセクションでは，スコアが低くなる，よくないけれど無意識にやってしまう例を挙げています。

あなたがコーチ，園長，保育者の誰であろうとも，子どもたちやその先生の成長と学びをサポートするとき，新たな驚きと新しいチャレンジがあるように，そして，機会を発見し続けていけるように，この本を使ってあなたを励ましたいのです。ECERSとは，よいスコアを取るためのものではありません。子どもにとって最善の実践を行うためのものなのです。

第1部

コーチングについて

第1章

コーチングの基本

コーチングは，保育の質を向上させて子どもの育ちを確かなものにするのに，最も強力な手段の1つとなるでしょう。まず，コーチングは保育者の能力開発と成長の助けとなります。手本を示すこと，アドバイスの提供，保育者の観察・指導・フィードバックと，やり方にはさまざまありますが，コーチングとは保育者がすでにもつ知識を深め，スキルや方法を向上させ，じっくりと考えるようにすることです。コーチは最善の実践を支持します。コーチングの主な目的は，子どものために働く大人に力を与え支援することで，子どもの発達と成長を促進することなのです。

理想を言えば，コーチ，保育者，そして園長らが改善チームを結成して，保育室の強みについて議論し，必要な改善点を明確にすることです。園長は，よく“質の門番”と呼ばれます。予算を管理し，物資の発注，メンテナンスや修理の手配，方針や手順の確立をするのですが，保育をよくしていくには，園長の関与が重要です。多くの項目は，保育者の頑張りだけでは無理なところがあります。改善チームを作れないのであれば，コーチは最低限のこととして，園長に保育室の改善を促し，予算を必要とする項目を提示する必要があります。

質は選択を必要とします。ECERS の項目すべてに7点がつく保育室やプログラムはありません。園長は，運営上，できることとできないことを見極める必要があります。たとえば，保育者が園庭で子どもの遊びをどのように見守るか，子どもたちにどのように関わるかは改善できますが，周囲にフェンスを取り付けたり，地面の表面を変えたりすることはできません。しかし，施設を管理する立場なら，より安全な園庭を作るためにフェンスを取り付けたり，門を修理したりすることができます。

実践が最善のものとなるように，コーチは，保育者を観察して，保育実践や室内外の環境構成を改善していけるようにします（あるいは保育者のコーチングをする園長を指導します)。また，コーチは予算が必要な項目を園長に知らせ，施設設備の改善や用具・材料の購入について助言することができます。

大人の学びについて

子どもは自分の経験や人，場所，ものとの相互作用を通して学びます。言うまでもなく，幼児期において学びは能動的なプロセスです。大人についても同様です。学びとは，保育者にとっても能動的なプロセスなのです。保育者は以前に得た知識や経験と今の立場を通して学びに向かいます。保育者は指導計画を作成し，環境を構成し，実践することで専門性の向上に積極的に取り組みます。他の保育者，園長，コーチとのやりとりを通して，日々保育室で学んでいます。

学びの責任は，最終的には学び手にあります。コーチの役割は，保育者を変えることではなく，成長を促すことです。指導方法を教えるのではなく，保育者が学ぶことを助けます。指導方法に魔法のような「たった１つの正しい方法」はありません。保育者は，自分の可能性を引き出してくれるコーチングを受けて，最善の実践を理解し実践できる優れた保育者になることを学んでいくのです。

アイデアは行動に影響します。保育者が保育室の環境の効果的な作り方，そして子どもの成長を支える新しいやり方を学ぶにつれて，学び手として知識を自分自身で構築していくようになります。ECERS は最善の実践を示しており，必要な行動を組み立てる際のヒントになります。たとえば，「活動センター」か「遊びの場」なのかという考え方は，多くの保育者にとって新しいものです。「活動センター」が子どもの学びにどう影響を与えるかを理解することが重要で，それが理解できれば，子どもの育ちを最大限に引き出すには，どのように活動センターを整えていけば（コーナーを作っていけば）よいのかがしっかりとわかるようになります。ECERS の項目の意義を理解し，保育室がどう変わるとどう子どもが変わるかを理解しない限り，改善したものは一時的なものにすぎず実践につながりません。

学び手としての大人

大人には，ものの見方や態度を形成し，豊かに彩る人生経験があります。その経験や知識は“学習のための重要な資源である……大人は学習を定式化する際に過去の経験と以前の知識を活用している”（Caffarella & Barnett, 1994, p. 30）と言われています。現在保育者となっている人は，これまで学校生活を過ごしてきたなかで，多くの先生に出会ってきています。優れた先生はたいてい思いやりがあり，学びを楽しくし，子ども同士で考えることを促し，一人ひとりを大切にしてくれたことを思い返します。そのような先生は，子どもを個人として扱い，子どもの言葉に耳を傾け，そして必要な時に助けてくれました。コーチは，保育者が自分の好きだった先生のことをよく思い出し，先生がもつスキルや心構えが子どもの効果的な学びにつながるかを振り返るのを促すことで，保育者が過去の経験と知識を生かすようにします。保育者としてよくないことは何か，自分の先生との過去の否定的な経験を振り返ることもまた，トレーニングでは大切なことです。

大人は仕事や勉強でたくさんやることがあります。他の人と同様，保育者にとっても仕事と生活のバランスを見つけることは難しいものです。多くの大人が自分の子育てをし，高齢になる親の世話をし，対外的な責任をもち，近所付き合いをし，パートナーがいて関係を保ち，忙しくて慌ただしい生活を送っています。保育者は小学校教師に比べると給料が低く，その社会的地位は十分に認められていないかもしれません。コーチは，保育者が保育室の中と外で，限られた時間のなかでいろいろなことをこなさなくてはいけないことを十分に踏まえておかなくてはなりません。

変化することは容易ではありません。ほとんどの人にとって，今までやってきたこと，今していることを続ける方が楽です。それは使い古した靴を履くようなものです。大雨の日に古い靴を履くと具合いが悪いことに気づくかもしれませんが，新しい靴を履きこなすには買い物に行き，お金を使い，足になじませ，服装まで合わせなくてはなりません。加えて，クローゼットの中にはまだ数回しか履いていない新しい靴があるのに，なぜまた新しく靴を買うのでしょうか。多くの保育者が研修に行き，配布物やメモを持ち帰ります。しかし，学んだことが実行されるかどうかはわかりません。ほとんどの大人は変化を求めません。変えることには時間がかかり，問題が生まれ，痛みや不安を伴います。

保育者について

保育にたずさわったことがある人なら誰でも言うように，保育をすることは簡単なことではありません。よい幼児教育を行うには，幼児の発達，発達にふさわしい実践，そして効果的な学びの環境についての知識をもち，理解することが重要です。子どもの興味に沿ったカリキュラムを開発するには，どのように子どもを観察し耳を傾けるのか，どうすれば子どもの学びを支えるために子どもと意図的な対話ができるのか，その両方を知ることが重要です。

保育室にいる保育者自身の教育的背景，子どもや教育に関する過去の経験には幅があります。人によって，保育に対する構えも違えば，子ども観，子育て観，教育観なども違います。言うまでもなく，保育者自身の経験と信念はその人の保育実践に影響を与えます。

たとえば，ある保育者は，一斉指導のときに子どもが最もよく学ぶと信じているかもしれません。その保育室では，子どもは集団で決まり切ったことを繰り返して1日の大部分を過ごします。自由遊びは，保育者が雑務をこなし，子どもを見張りながら次の活動の準備をする時間とみなされています。

別の保育者は，保育者が子どもの言葉に耳を傾け，子どもを観察し，質問をし，やりとりをして子どもの学びの足場かけを行い，子どもの探究を助けることで子どもが最もよく学ぶと信じているかもしれません。この保育室では，クラス全体での集団活動の時間は短めで，仲間づくりをしたり，アイデアや概念を導入したりすることを目的として行われます。自由遊びは学びのための重要な時間とみなされ，保育者の役割は，子どもを信頼し，子どもの興味に従って学びを支えるために，子どもの主体性を尊重し個別的な対応を行うことにあります。

すべての保育者は子どもがよく学び適切に振るまうことを望んでいます。コーチの役割はこの共通の目的を活用することです。誰も悪い保育者になりたいとは思っていません。保育者は「最低な先生になってやろう。今日はどうやって子どもをだめにしようか」と言いながら保育室に入っていきません。とはいえ，気持ちは前向きであっても，よい実践ができているとは限りません。ECERS は多くの研究成果に基づいた，最善の実践のための客観的な手段を提供します。

加えて，アメリカでは説明責任と子どもの育ちに対する関心が高まっており，保育者は行政，家族，世論からのプレッシャーを感じています。保育者は，子どもたちを一定のレベルに到達させるには，子ども中心で発達にふさわしいやり方をとっていては無理であると感じているかもしれません。次の段階に備え，できるだけたくさんのことを子どもに教え込まねばならないと感じているかもしれません。就学前教育の場で子どものその後の学業での成功につながる基礎が培われるというのは本当ですが，それは，保育の質の高い場合にのみ当てはまるのです（Barnett, 2011; Camilli, Vargas, Ryan & Barnett, 2010 ; Colker & Koralek, 2018）。すなわち，通園していただけでは，短期的な効果はあるかもしれませんが，たいしたことはありません。保育の質が高ければ，子どもたちに将来的によい結果となって現れるのです。ECERS は，保育の全体的な質を測定し，それぞれの保育室を子どもの育ちに有益なものとするために，世界で最も広く用いられているツールなのです。

信頼関係の構築

コーチと保育者がお互いにためになる強い関係を築くのに必要なこととしては，以下のような多くの要素があります。これらの要素について，以下では詳しく述べていきます。

- 信　頼
- 傾　聴
- 節　度

- 時間とペース
- 省察サイクル

信　頼

信頼は，積極的な協力関係を築くための基盤です。ご存知のように，教育機関，企業，リーダーシップなどに関して書かれた記事や本は多くあり，信頼は成功のための最も重要な要素の1つです。コーチは，協働的な省察のプロセスが行われるように，そして適切な実践を行うために，保育者との信頼関係を確立する必要があります。

コーチ，保育者，および園長の間で信頼関係を築く方法には，仕事をするうえでお互いにオープンで誠実であることが大切であると前もって確認し合うこと，めざすものが同じであること，信頼に応えること，コーチを信用することが含まれます。子どもには，お手本になるような，またお互いに信頼し合い自分たちを害する環境を許さないような，プロフェッショナルな大人が必要なのです。

コーチが自分に不利になるような評価結果の情報を園長に伝えているのではないか，と保育者が疑うと，信頼は得られなくなります。コーチが園長と協力することは重要ですが，自分の勤務評定に悪影響が出るのではないかと心配になっている場合には，保育者が保育室での問題を共有しようとせず，素直に自分の理解不足を認めようとしなくなります。コーチは，収集したデータに基づいて，保育環境の一般的な傾向と重点分野を園長と共有します。微妙な問題が発生した場合，コーチは園長に伝えてよいか，まず保育者に尋ねるべきであり，そうでなければ自分から伝えるようにと保育者を指導した方がよいのです。明らかに子どもの安全が脅かされているとか，保育者が子どもを傷つけるような実践をしている場合には，コーチは問題解決と支援のために園長に知らせる必要があると保育者に伝えなければなりません。

さらに，コーチは保育者が同僚からの助けを求めていない限り，その必要があっても他の保育者に知らせることはできません。ピアサポート【訳注：同僚同士の助け合い】は，保育者が変わるのに最大のきっかけとなるかもしれません。しかしながら，それには保育者自身に目的意識があり，同僚から学ぼうとする意欲をもっていることが不可欠です。

コーチは何か隠しごとをしながら園長と話す，という意味ではありません。効果的なリーダーシップと保育の質との関係についてのエビデンス【訳注：根拠，記録】は増えています。実際，州や国のQRISをサポートしている多くの外部コーチが，保育者を指導する際に園長を指導しています。保育者を指導することが役割であるコーチも，園長との強い信頼関係を築く必要があります。可能な限り，園長も改善チームの一員であるべきです。一部のECERS項目は保育者の努力だけでは変えられませんし，園長が協力することで，改善に向けて園長自身も自分の責任を果たすことができるのです。

傾　聴

いつも仕事が山ほどあり，時間が足りないという忙しいなかでは，じっくりと聞くことは，なかなか難しいことです。しかしながら，お互いに相手の言うことに耳を傾けないのなら，会話を続ける意味はありません。傾聴により，相手を理解し尊重できるのです。それは子どもの育ちを助け，保育者がよい保育を行うことを助けるために，コーチが保育者と協力して磨いていかなくてはならないスキルです。

コーチングを行うとき，自分が話すタイミングをあなたはただ待っているだけではないでしょうか。コーチは保育者のためになるフィードバックを行おうと，すべて伝えようとする傾向があります。実際には，この反対のアプローチが最善だと言えます。コーチは保育者に質問をしながら必要な情報を収集し，保育者の振り返りを助け，改善のために次に何をすればよいのかを保育者自身がわかるようにしていかなくてはなりません。あなたは，自分が話すこと以上に聞くことをしているでしょうか。コーチングの際，あなたに何でも聞いて教わりたい保育者もいます。しかし，その人には，質問することをやめて自分は何がわかったのかを話してもらう必要があります。これをうまくやるには，コーチに傾聴する力が求められます。

節　度

コーチと保育者のお互いの信頼が深まるにつれ，保育者が自分の指導方法に影響を与えている個人的な問題に踏み込む可能性があり，コーチを心理学者のように感じる瞬間があるかもしれません。コーチは常に自分の役割に注意を払う必要があります。コーチはメンター【訳注：相談相手】です。友達や上司になろうとしているのではありません。コーチはお気に入りの保育者を決して作ってはいけません。コーチがえこひいきをしてしまうと，誠実さが疑われ，どの保育者も平等に支援をしなくてはならないのに，保育者の間に競争，憤り，無関心を生んでしまう恐れがあります。

時間とペース

現場の人々と良好な仕事上の関係を築くために，訪問についてきちんと取り決めをしておかなくてはなりません。コーチは，保育者や園長とともに省察サイクル（**図1**）に貢献したいものです。しかしながら，保育室への訪問回数や滞在時間の長さを自分だけで設定することはできません。子どもに対して個別的な対応が必要であるように，保育者に対しても同じことが求められるのです。

ここで，コーチのために役立つ時間管理のヒントをいくつか挙げておきます。

1. 見やすくて使いやすく，変更の書き込みがしやすいカレンダーを使う。
2. 年度初めに各保育者と面会した後，焦点を当てる範囲と，観察の道具となる ECERS の仕組みについての話し合いを予定することを知らせる。
3. 保育室を訪れる予定日またはおよその日を話し合って設定する。
4. クラスでの観察訪問後，話し合いの日時を設定する。

また，場合によっては数分立ち寄り，様子を見て，その場で指導したりすることもあります。現場は専門的な学習コミュニティそのものであり，手短に会話を交わしたり，保育のヒントを共有したりする場なのです。

時間管理は目に見えます。保育室を訪れることが優先事項で，最も支援が必要となりそうな新任保育者に対してと，次の挑戦をしようとしているベテランに対してと，それぞれの訪問時間を調整しましょう。あなたの時間をうまく使うことが，成功への鍵になります。

省察サイクル

省察サイクルはコーチング実践の本質です。コーチは保育者が指導方法を改善できるように，このサイクルを用いるのです（図１参照）。

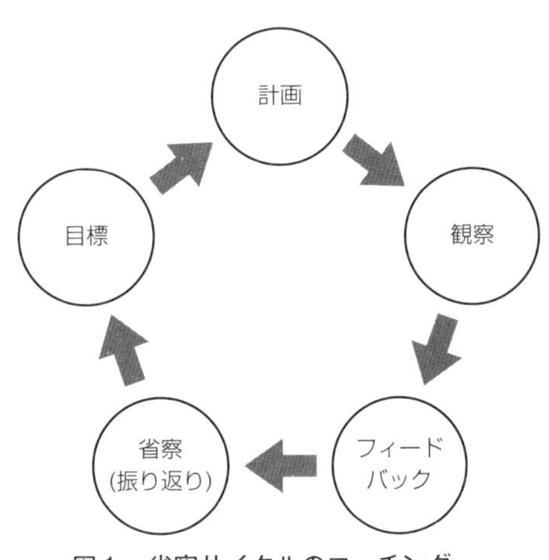

図１　省察サイクルのコーチング

このプロセスは，現場で指導を行うやり方と似ています。改善を目的として実践を観察して振り返り，通常は評価を含みます。ただしコーチングでは，コーチは上司ではないので，評価することはありません。そのプロセスはまた，保育者がコーチからの質問に答えながら，自分の行動や保育実践の背景にある自分の考えを模索する点で，認知的コーチングモデルとも似ています。たとえば，コーチは「ごっこ遊びのコーナーで立ち止まって子どもとやりとりをしたねらいは何ですか？」と尋ねます。このように，保育者がコーチからの質問に答えながら，自分の行動や保育実践の背景にある自分の考えを模索するからです。ECERS を使用して幼児教育の質をサポートするとは，次にどうすればよいかを示すことであり，最も素晴らしい省察サイクルとなるのです。次に簡単な例を示します。

まずはベテラン保育者とコーチが協力して，ECERS の項目の全体的な説明と評価スケールを使う目的について研修を行います。参加した保育者は ECERS による自己評価を行い，その結果はコーチに伝えられます。コーチはクラスの観察に先立ち，保育者が行った自己評価について話し合い，疑問に思っていることや必要としていること，支援が必要かどうかを議論する研究会を設定します。この研究会では，保育者が何を目標にするかの議論を最優先にするべきです（前年度によくできたところや力を入れた分野を表に示しておくのがよいでしょう)。コーチとの議論を有意義にするために評価スケールのデータが必要です。保育者はコーチに次の目標を説明し，コーチがECERS観察を行う次の保育室訪問の日時を決めます。コーチは後から出てくるかもしれない質問に答えられるように，また評価スケールについての資料を保育者に提供できるようにしておかなくてはなりません。

コーチは時間を守って，評価スケールとその他の必要な資料を準備して保育室を訪問します。ECERSのガイドラインを守り，評価スケールの信頼性を保つ使い方のモデルとなります。たとえば，コーチは観察中に保育者と会話をすることはせず，子どもが外に出ていくときはついて行くことやトイレの手順をチェックすることを含めて，原則3時間にわたって観察をします。

観察後，注釈に従って項目ごとのスコアを出し，その後の保育者へのフィードバック【訳注：結果を知らせる】の話し合いのための準備をしておきます。

保育者とコーチは，ECERS観察の後に集まり，実践を振り返り，次のステップを決定します。次の目標は，この事後の話し合いで決めていきます。繰り返しになりますが，目標を明確にするために，コーチは保育者に対し質問をしながらどの領域について細かく詰めていくか，話を進めます。コーチは評価スケールに沿って会話が続くようにし，話し合いの間は自分の意見を述べないようにします。以前の目標がそのまま，または修正のうえで設定されることもあるでしょう。常に子どもの安全を最優先事項とし，目標は具体的（Specific）で，測定可能（Measurable）で，達成可能で（Achievable），合意がなされており（Agreed），現実的（Realistic）で，タイムリーな（Timely）なものであるべきです（SMARTゴール）。保育者が改善できること（例：やりとり，室内構成，ルール）を目標としなくてはなりません。保育者の力の及ばない項目（例：施設，必要な材料，食事の内容）については，園長と話し合うべきです。コーチと保育者は，話し合いで決めた次の目標が達成されたかどうかをみるフォローアップ訪問の日時を設定して話し合いを終えます。こうして省察サイクルは続きます。

まとめ

コーチングは学び手としての大人に焦点を当てます。コーチは，保育者一人ひとりの経験，受けてきた教育，信念，子どもたちがどのように学ぶかについての考え方が違うことを認識します。大人にはまた，自分の興味やニーズ，そして成長と変化への態度に関わってくるような，個人的にも仕事面でも多くのつまずきがあります。コーチングの重要な点は，コーチと保育者が大人同士の関係であることです。保育者を指導するにせよ，保育者を指導する園長を指導するにせよ，オープンで信頼できる関係を築いていくことは，効果的なコーチングのために最も重要です。よい結果を出すコーチは，質問をしたり振り返りを促したり，強みを伸ばしたり，資源【訳注：参考となる資料や役立つ材料，手段などのこと】やフィードバックを提供したりして，大人の成長を助けます。ECERS は保育室全体の質の客観的評価を提供し，何が強みで，どこに改善が必要かを教えてくれるための手段として使えます。

第2章

コーチの多くの役割

保育者が変わるための最初のステップは，コーチとの関係づくりです。信頼関係はコーチングの中心であり，効果に影響を与えます。関係づくりは信頼につながり，受容性や応答性につながります（Curtis, Lebo, Cividanes & Carter, 2013）。コーチの形態と能力はさまざまです。組織内の人なのか組織外の人なのか，これまでに関係があったかどうかなど，どのような立場からのコーチであるのかを理解することが重要です。

コーチには次のような種類があります。

- これまで保育者を指導する立場ではなかった，指導主事，園長，同僚など
- これまでも保育者を指導する立場であった，主任，教頭，研究主任など
- 外部からのQRISコーチやコンサルタント

役割の明確化

あなたの役割は何でしょう。どんなつもりでやっていますか。保育者や園長と一緒に子どもの学びや経験を深めることに取り組んでいても，その人たちがコーチの役割に気づいていないときがあります。その場合，コーチの影響は表面的なものにとどまり，保育者の知識を深めて保育室を変えていくことにつながりません。それがこれまでの私たちの経験から言えることです。

コーチはメンターのような存在です。いろいろなことを知っており，協働的で省察的なやり方で保育者の実践を導き支援する人です。子どもの学びに焦点を当て，保育者の教育実践はどのように影響するかに注目します。コーチはオープンで，誠実で，保育者からも学ぼうとします。保育者を支援するために，常により効果的な方法を学ぼうとしており，研究者であると同時に実践者なのです。研究者という立場では，コーチは科学的根拠に基づいてものごとを決めていきます。

コーチは，自分の仕事の性質を保育者に説明する必要があります。アメリカ

の学校や州のQRISシステムのなかには，コーチが職域として確立されているところがあります。たとえばニュージャージー州では，コーチの役割が公立学校区の就学前教育の法律とガイドラインで明確に定められています。腕のいいコーチのなかにはこのような人がいます。年度初めにすべての保育者対象にコーチの役割を説明するプレゼンテーションを行い，保育者がコーチの役割についてはっきりと理解するために質問を受けます。加えて，コーチは担当の保育者と話し合い，最初から役割を明確にし，省察サイクルをスタートさせます。それはECERSで対象とする項目を定め，目標を定めることから始まります。

最初からコーチの役割を誰もが明確に理解していれば（特に園長らがコーチングを行うとき），一緒に学ぶための混乱を減らすことができ，意欲も高まるでしょう。コーチの役割は前に進むにつれて明快さを必要とするでしょうし，それはオープンで前向きに作用する関係を築くプロセスでもあります。関係が発展するにつれ，サポートのレベルも進化していきます。

園長がコーチとなるときのQRISからのサポート

リーダーシップは保育の質の向上にあたり重要な要素であるため，QRISでは保育者を指導するコーチの派遣から，園長のコーチングを指導するコーチを派遣する方向に進んでいます。QRISコーチは，園長が保育者を指導して質の向上が確立するように，園長を指導するのです。アメリカでは多くの園で保育者の離職率が高いので（Whitebook, McLean & Austin, 2016），コーチに代わって新任の保育者を指導できる園長を育てる方が，実用的で財政的にも意味があります。園長はあまり転職することがないからです。

園長には多くの役割があります。園長はカウンセラー，料理人，保育者，受付係，配管工，経理，陳情者，癒し手，やる気を起こさせる人，トレーナー，ロールモデル，しつけの厳しい人，コンピュータ専門家，マジシャン，演説者，児童の権利擁護者，修理人，つまり何でもこなす人です。仕事は複雑で，施設運営の要となる立場です。多忙を極めつつも，保育の質を改善し，維持していくには効果的なリーダーシップを発揮しなくてはなりません。

多くの園長は，管理やリーダーシップに関する専門的なトレーニングをほとんど受けないまま昇進します。一方で，園長のなかには，発達にふさわしい幼児教育の実践よりも，ビジネス実践および組織運営に長けている人がいます。まわりからの助けがないまま管理職に昇進することも多いように見えます。園長にコーチングを行い，運営と幼児教育のバランスが取れるようにサポートをすることで，保育の質に影響を与えることができます。

園長は，保育の質に影響を与えそうな諸々を管理しています。内部的には，職員採用と新任研修，財務管理，職員の人間関係の調整，健全な組織風土作り，研修，今後の展望と園としての使命の共有などがあります。外部的には，予算等の獲得と適正な配分，幅広い連携，家族の支援と連携，公共政策の提唱，職員を守ること，サポート体制の構築，広報の管理，定員確保，そして今後の展望と園としての使命を伝えること，などがあります。QRIS コーチは，園長の組織運営をサポートするためにガイダンスを行ったりやり方を示したり，情報を提供する指南役となることがよくあります。

また，園長は自分の信念を示し，態度に表し，職員に期待をかけ，行動に移すことで，前向きな雰囲気を作り出していくのに重要な役割を果たします。力のある園長は，共通の価値観と目標をもち子どもの成長と学びを強く願い，皆の頑張りが共有できるような共同体を作りだすことができます。コーチの役割の１つは，園長が発達にふさわしい実践に基づくビジョンを明確にもてるよう，助けることです。もし園長らが，保育者にワークブックを使い決まりきった手順を子どもに教えるようにさせると，保育室での実践および ECERS スコアに明らかに悪影響を及ぼします。

ECERS は，子どものために最善の実践を行うにあたり，客観的で研究成果に基づいた枠組みを提供します。腕のいい QRIS コーチは，事務処理，方針，手順を示すだけではなく，子どもにとって役に立つ保育室へと変えていく努力に焦点を当てます。ECERS の項目と指標についての話し合いが極めて重要であり，園長がスケールについての知識を豊かにするだけでなく子どもにとってどう役立つかを理解することが，QRIS コーチが園長と仕事をするうえでの基礎となることが多いのです。

ECERS の次のような項目に見られるように，園長が決めることは保育室の質に直結します。

- 室内外環境の保全
- 屋内外の体を動かして遊べる場所の確保，塀や保安柱など安全面での整備，固定遊具などの安全性の担保
- 適切な教材／遊具の購入
- 日　課
- 保健衛生物品の購入
- 保育室の観察と保育者へのフィードバック

保育実践を改善するためのコーチングは，ECERS の項目やサブスケールのスコアと照らし合わせることから始めます。このプロセスで，強みの分野と改善を要する分野の両方が見えてきます。コーチは，園全体で行われている質の高い分野について保育者が自覚していることに注目します。そのうえで，コーチは園長とともに園全体が取り組んでいかなくてはならない分野を明らかにします。それに応じて研修や打ち合わせのためのトピックを選び，必要な教材／遊具を追加し，コーチングの焦点を当てる分野を決めるだけでなく，実行できそうもないか費用がかかりすぎる分野を知ることができます。

園長とコーチは，時間枠，必要な資源，やるべきことなどを決めて，活動の計画を立てます。一度に３つか５つの項目を対象として，園長が計画を実行に移していきます。コーチは園長への指南役としての役割を果たします。それには保育者へのフィードバックのやり方のモデルを示したり，ワークショップや研修の計画を立てる際に園長を手伝ったりすることが含まれます。QRIS コーチは複数の園を担当しているので，１つの現場にかけられる時間は限られています。多くの場合，コーチングは関係性の構築と計画の立ち上げの段階に比重をかけて力を注ぎ，園長が力をつけて計画が進展するようになれば，コミュニケーションとサポートを維持していく程度にとどめます。ニュージャージー州のある QRIS コーチは「私の役割は私がだんだんと要らなくなるようにしていくことです」と述べています。

保育の場で働く人が自らの専門性を高めようと努力することで，有意義な成長と変化がもたらされるという理解が必要です。QRIS コーチはどこの分野に問題があるかを認識し，園長が状況を分析して実行可能な解決策を見つけるヒントを与えます。園長の決断こそが改善への道筋を決め，質の向上をもたらすのです。

さまざまな立場でのコーチング

コーチは他の職責を負いながら，保育者をコーチングすることがあります。本来の立場によって，外部の人でも内部の人でも，コーチングには微妙な違いがあります。

園長がコーチになるとき

重要なのは，コーチが保育者の上司であり勤務評定者でもあるということです。コーチとして信頼されるとしても，上司と部下の関係であり，そのうえでの信頼関係に留まります。上司としての指導および勤務評定と，コーチングとを区別することがうまくいく秘訣です。保育者が，職場での上下関係とコーチングが別物であり勤務評定に影響がないことを信用する必要があります。それは行為と言葉の両方で明らかにされなくてはなりません。腹を割って話し合い，よく聞き，気持ちをわかり合うことをおすすめします。コーチングの目的は，子どものために保育室をよくしていくことです。

子どものためにどうするかの視点を共有しておくことです。保育者は，観察がコーチングの目的であることを理解し，周期的なコーチングで ECERS を使いこなせるようにしていかなくてはなりません。ECERS による観察はあら探しの手段ではありません。保育者はまた，どのような観察で保育が評価されるのかを知っておくべきです。勤務評定に ECERS のスコアを使用することは望ましくありません。勤務についての指導観察とコーチングは，はっきりと線引きされなくてはなりません。

主任がコーチになるとき

よい点は，同じ職場で働いていて，すでにその保育者を知っているということです。よくない点は，保育者と園長の中間にいることです。コーチングの効果をあげるには，秘密を守ることが大切になります。保育者は子どもに害をなすことや法に触れることがない限り，コーチングのなかで自分が言ったことやしたことは管理職や他の人には伝わらないということを，保育者自身が信じられなくてはなりません。コーチングの目的は，子どもの最善の利益のために保育者を育てることにあります。

QRIS がコーチを派遣するとき（QRIS コーチ）

この場合，コーチは内部と外部の両方の視点をもつことになります。保育者や園長らはコーチについてそれまで面識がなく，コーチの役割が何であるかを知らないことがよくあります。コーチが自分自身と経歴について伝えること，そして保育者と園長らのことをよく知ることが，まずは基本です。最初にコーチの役割と具体的に何をするかを話し合い，観察や訪問によって指導を行うことをはっきりさせておくと，園長と保育者に対してわかりやすいものとなります。

コーチングで単に ECERS のスコアを上げていくことは簡単です。効果的なコーチングを行うと当然そのようになっていきますが，常に，目的は子どものための最善の実践であることを確認することが重要です。保育者が自園の保育の質評価観察に際し，しなければならないことだけでなく，なぜ変化を加えたり，さらによくしていく理由を内面化し始めるにつれて，変化が持続していきます。短期間の課題（評価の準備として）を与えることになりますが，一度に多くの課題を与えて保育者を圧倒しないように気をつけましょう。一度に１つのサブスケールだけ指導することをおすすめします。

コンサルタントがコーチになるとき

コンサルタントは QRIS コーチと似ているところがたくさんあります。なぜなら，園に外部からの視点を取り入れ，保育者が ECERS 全体のプロセスの質を理解し実行できるように支援するからです。コンサルタントは，ECERSを熟知し，子どもにとって質の高い実践が有効であることをよく理解していなくてはなりません。コーチングにはグループワーク，ECERSによる保育観察，そして個別指導が含まれます。

QRISコーチとコンサルタントとの主な違いは，コンサルタントは園で雇用されており，園長らに報告を行う点です。この場合，役割が明確で皆にわかるようになっていることが重要です。信頼されるには，コンサルタントは子どもの最善の利益のために自分たちに協力していると保育者が安心できることが必要です。

同僚がコーチになるとき（ピアコーチング）

ピアコーチングは通常，保育者同士の非公式的な関係です。お互いに助け合ってECERSを実践していきます。ピアコーチと保育者は同じ園で働き，同じ能力で同じカリキュラムと手順で仕事をしているため，身内の視点を強くもっています。コーチングは，お互いの保育室を観察し，指導方法や子どもについてのアイデアやヒントを共有することを含みます。また，ECERSの細かな点について共通の理解を深めることも必要です。

保育者に対する〈発達にふさわしい実践〉

〈発達にふさわしい実践〉（Copple, Bredekamp, Koralek & Charner, 2013）が求められるのは保育者についても同じです。子どもにとって“発達にふさわしい”とは，保育者が子どもの発達，文化，興味，および以前の経験の観点から子どもの状態を理解し，状況に応じて対応することです。それと同様に，コーチが保育者の状況に応じて対応することで，コーチングが大人の発達にふさわしいものとなります。子育て雇用研究センター（Whitebook, McLean & Austin, 2016）は，子育てをしている保育者の圧倒的多数が女性であると指摘しました。他の統計によると，保育者の平均年齢は39歳であり，35％は学士以上です。保育者に対する“発達にふさわしい”コーチングでは，以下のようなことを考慮する必要があります。

- 年齢や立場に見合った大人の育ちや学び：保育者の人生と保育経験に応じて，安全で，健康的で，興味深く，達成可能で，挑戦する気持ちになれる活動，教材，相互関係，経験を提供しなくてはなりません。
- 保育者の強み，興味，そして個人的なニーズへの注目：保育者の強みを生かし，保育者自身の興味，関心事，知識，持ち味を生かした，コーチと保育者のパートナーシップが必要です。
- 保育者のもつ社会的および文化的背景についての知識：コーチングが保育者にとって意味をもち，役に立ち，受け入れられることを確実にするために必要です。

子どもと同じで，保育者は一人ひとり異なり，スキルのレベルが違い，さまざまな経験と知識をもって保育室にやって来ます。腕のいいコーチは，保育者個人の強みとこれまでうまくできていたことを見て，さらによい保育ができるように助けます。コーチングで〈発達にふさわしい実践〉を適用するとは，保育者の現状を受け入れ，学び，成長していけるように導くことを意味します。

保育者の発達段階

子どもが発達の道筋を辿っていくように，保育者もまた保育者としての発達の道筋を辿っていきます。教師の発達段階に関するリリアン・カッツ（1972）の著名な研究では，教師が経験とともに進化していく４つの段階，つまりサバイバル，強化，リニューアル，安定が示されました。以下のように，コーチングに対する保育者のニーズも段階によって変わっていきます。

【サバイバル】

保育歴０～２年の新任保育者の目標は，日々をなんとか切り抜け，子どもが怪我をせず，いなくならないことです。多くの新任保育者にとって，クラス運営と規律が一番の関心事です。よい実践がどのようなものであるかを学んでおり，実際に目にすることがあっても，それは自分のクラスで自分の子どもたち相手に実行できず，昔ながらの保育者主導のやり方へと回帰していきます。新任保育者はどんな指導をするべきなのか，そして自分はそれができるかどうかを心配しています。この段階の保育者には，まずはクラスの混乱を抑えて安全で衛生的な環境を確保し，日課と室内環境を整え，積極的にクラス運営を行えるような，集中的で具体的なコーチングが必要です。まずは以下の ECERS 項目を選択して丁寧にガイダンスを行いましょう。

項目３　遊びと学びのための室内構成

項目８　食事／間食

項目９　排　泄

項目10　保健衛生

項目11　安　全

項目33　移行時間と待ち時間

項目34　自由遊び

常に子どもの利益が考慮されなくてはならないにせよ，この段階の保育者には，シンプルに教材やリソースが与えられて，一日一日を切り抜けていくのにまずはこれをすればよいと示されることが必要なのです。新任保育者の個別のニーズに注目し，心配や不安をなくしていけるように多くの選択肢を示し，話し合いをすることが重要になります。

【定　　着】

一般的に，２年目から３年目，ときには４年目までの保育者がこの段階にいます。この段階の保育者は新任の時期を過ぎ，何がうまくいくのか，何がうまくいかないのかを学び始めています。一人ひとりの子どもの姿が見えるようになり，個別のニーズに応じた指示に焦点を合わせ始めています。指導計画とクラス運営に力を入れるようになりますが，特定の子どもの扱いに関心を集中させるようになります。たとえば，乱暴な子ども，言葉を話せない子ども，他の子どもよりも発達のペースがゆっくりだと思われる子どもです。

この段階の保育者には，何がうまくいきそれはなぜなのかを明らかにすること，具体的な気がかりに対処するための資源を提供すること，専門性開発に導くこと，他の保育者とのネットワーキングについて話し合うコーチングが重要です。そこでは，アイデアや方法の共有が鍵となります。観察と保育者のニーズをもとにして，以下のサブスケールに集中したガイダンスが適切です。

サブスケール３▶言葉と文字

サブスケール４▶活　動

サブスケール５▶相互関係

【リニューアル】

保育者は一般的に担任４年目からこの段階に入ります（これより早い人もいれば，遅い人もいます）。この段階の保育者は自分の指導に自信をもち，新しいアイデア，指導法，方法，子どもに寄り添うことに関心をもちます。リフレッシュし，向上し，自分の指導方法に新たな工夫を加えたいと思います。自分でやる気を出せる人が多くいます。この段階の保育者には，他の保育者との交流の機会を作り，新しいアイデアや資源が載っている記事を共有し，自分で興味があり向上させたいと思う分野でめざすものを見つけさせることが必要です。基本的なことはできていて，よい実践とは何かについても明らかになっています。観察と保育者のニーズに基づき，以下の項目に集中した具体的なガイダンスが必要です。

サブスケール３▶言葉と文字

項目22 自然／科学

項目23, 24, 25 算数関連

項目６，７, 28 粗大運動遊び関連

【安　　定】

一般的に保育歴が５年以上になると，キャリアがこの段階に入ります。この段階の保育者は新しいアイデアや方略に興味をもちながら，目的，研究，哲学，省察にも興味をもつようになります。自分の指導方法に自信をもっていますが，その過程でいくつかの悪い実践を習慣化してしまった可能性もあります。この段階の保育者には，子どもにとってどんな利益があるか，なぜ変化が必要かという理由について議論することが最も効果的なコーチングです。この段階の力のある保育者は，他の保育者と専門知識を共有することで成長します。観察と保育者のニーズに基づいて，取り組むべきECERSの項目を決めることが適切です。

子どもの発達のペースがさまざまであるように，保育者の発達のペースにも個人差があります。個人的な人生の問題（たとえば，介護，離婚）があったり，専門的な経験（たとえば，勤務園，担当児の年齢，カリキュラム）が変わったりすると，ペースが変動する可能性があります。疲れたり，燃え尽きていたり，過度のプレッシャーがあったりするために，ある段階から動けなくなることもあります。

自分がコーチングをしている保育者のことを知り，その人たちの気がかりなことや質問したいこと，問題に耳を傾けることで，コーチは保育者がどこの段階にいるのかを見定め，支援することができます。ECERSのコーチングを特定のサブスケールや項目に限定し，焦点を絞ることで，コーチは成功の可能性を高め，保育者のさらなる育ちを促すことができます。1つの目標が達成されると，次の目標も達成できるという自信が生まれてきます。

ま と め

コーチは組織内外でさまざまな役割を担っており，そのことがクラス担任の保育者との関係やコーチングのあり方に影響を与えます。コーチの担ういろいろな役割がコーチングの枠組みに影響を与えます。コーチングの関係を維持し発展させるためには，コーチの役割を明確にすることに注意を払わなくてはなりません。そうすることで，保育者がコーチとの関係へ気持ちを寄せ期待をもつようになり，信頼関係を築くのに役立ちます。

コーチはまた保育者の段階に沿う必要があります。外部からコーチとして保育者と接するにせよ，内部で園長の立場で保育者をコーチングするにせよ，保育者の発達段階に基づきニーズに合わせてコーチングを行うことが，保育者が変わっていけることにつながります。園長も同じように，サバイバル段階から安定段階へと成長していきます。保育を改善するにあたり園長を指導するコーチにとって，園長の発達段階に基づいてニーズに対処することが，保育者に対するときと同じように重要です。園長は保育の質に大きな影響を与えますので，質の向上のプロセスに園長を巻き込んでいくことが，常に質の向上をめざすことへとつながっていくのです。

第3章

ECERSを用いたコーチング

知識の共同構築者になる機会を与えられた保育者は自分を価値あるものと感じ，持ち帰ったメッセージはより自分ごととして強力なものになります。子どもが自分で考えたりやったりしたことを尊重することで，子どもが力をつけていくような保育室の環境を整えていくことが，ECERSの基本です。子どもの学びを促すには，変化，計画，実践に保育者が意図をもって関わっていくことが効果的です。

子どものための保育の質とは何か

保育室の環境を整えることは，保育者にとって，最も強力な指導法の1つです。

力のある保育者は，子どもの長所と能力を認め，子どもが必要とするスキルを育てます。発達にふさわしい学びの芽生えは，子どもの学校や人生といった将来の成功に欠かせないものです。エリカ・クリスタキスによれば，「子ども中心とは，子ども任せという意味ではなく，幼児期の環境が温かく応答的であることは，知的志向の環境と反するものではない」（*The Importance of Being Little*, 2016, p.74）とあります。ECERS全体を通して，温かな雰囲気があり養護的で子ども中心の保育室であることが重視されています。そのことを基本として，適切な遊具／教材，日課とルーチン，学びの活動，そして子どもを引きつけるような意図のあるやりとりを通して，子どもの学びが育まれるとしています。ECERSでは，保育者が応答的で意図的な指導を行うことにより，やりとりが生まれ，子どもが探求していけるような環境が望ましいとしています。

どのカリキュラムがよいのかを知りたいのはもっともですが，ECERSはカリキュラムについては関与せず，あるカリキュラムが他のものに優っているともしていません。ECERSは――幅広い研究と妥当性に基づいて――幼児を効果的に指導するための多くの要素を示しています。幼児の望ましい育ちをもたらす質の高い保育室には多くの事柄が必要であることは，客観的に認められています。保育者や園によっては観察の日に備えるためにだけECERSを勉強しますが，変化を持続させ，幼い子どもたちに役立つようにするは，ECERSを日々活用していく必要があります。スケールが求めるものと観察された実践を比較することによって，コーチは保育者と協力して，その保育室の改善に向けて具体的な計画を立てることができます。

すべての保育者と園は幼児にとっての最善を望んでいます。ECERSは，サブスケールと指標を客観的な基準として示し，それに沿ってコーチングを集中して行うためのツールとなります。それは，保育について振り返り，理解と実践を深めることです。コーチと保育者は，ECERSのどれかの項目についての観察メモが，効果的な実践にどのようにつながっていくかを考えなければなりません。たとえば，保育者が読んでいるお話に夢中になっているとき，子どもたちは何を学んでいるのでしょうか。全員での読み聞かせのとき，暴れたり，あるいは聞かなかったりするとき，子どもは何を学んでいるのでしょうか。そのような子どもに注意をして保育者がお話を何度も中断すれば，子どもたちはじゃまをすれば保育者の気が引けることを学び，保育者は間違いを犯してしまうことになります。なかには注意されることで関心を引こうとする子どももいるのです。

コーチングの際は，観察された事実と保育者の実際の言葉を共有し，それらのことから子どもが何を学んでいるかを話し合うことが大切です。コーチは時として，診断モードになって改善策を講じるという間違いを犯します。もしそうなると，本当の改善につながるための考えを理解することなしに，一時しのぎの修正を重ねるだけになります。ECERSを使用して保育者と目標の優先順位を決め，常に子どもにとって何が最善かと考えることに立ち返り，“なぜ”とその理由を考えることで，変化の意味をしっかりと理解することができます。目標は最終的には子どもが豊かな経験をすることであり，保育者が何をするかということではありません。子どものためという目標をコーチと保育者が共有することで，変わることができます。そうして，子どものためによかれと思いながら間違ってやってしまっていることから保育者は抜け出していくのです。

保育者の成長を支えるフィードバック

ECERS を用いた保育者のコーチングとは，観察し，その結果得られたデータに基づいてフィードバックすることです。先に述べたように，省察サイクルには，観察前の保育者との関係作り，どこに観察の焦点をおくかという話し合い，観察後の目標設定の話し合いが含まれます（「コーチング情報シート」と「コーチング質問シート」については付録Ａ２（p.94）とＡ３（p.95）を参照してください）。フィードバックを行う話し合いは，変化をもたらすための鍵となります。

フィードバックを効果的なものにする重要な配慮

- タイミングよくフィードバックが行われることが最も有効です。ただし，保育者やクラスの子どもについてよく知るまでは，判断を保留することも重要です。
- 思いやりの反対は無関心です。保育の分野では，親切にし，育てよう，思いやろうとする傾向があります。このため，意地が悪いとかこうるさいと思われたくなくて，よくないことについてのフィードバックを抑えるか避けてしまうコーチも，なかにはいます。私たちは保育者や幼児のためを思い，よいところと改善が必要なところの両方についてフィードバックをし，私たちの思いやりの証としなくてはなりません。
- フィードバックとは，行動と目に見えることに客観的に焦点を当てることを意味しています。保育者の言葉を含めてしっかりとメモを取ることで，具体的で事実に基づいたものになります。
- 保育者がどこまで理解しているかを確認する必要があります。話し合い，共有し，質問し，何よりも傾聴を行いましょう。保育者がするべきことやその意味を確実に理解できるように，特定の項目，サブスケール，または改善していく方法について自分で書き出してみるようすすめてみましょう。
- 「～と気づきました」という表現を用いましょう。そのように表現することで，コーチが保育者の理解や気持ちに寄り添い，保育者にわかるように対話を重ねていけるようになります。たとえば，「積み木コーナーであなたが関わっていかなくてはならない出来事が５件あったことに気づきました」，「あなたが自由遊びの間，絵本のコーナーで合計35分間過ごし，子どもに個別で本を読んでいたことに気づきました」，「誰も自然／科学のコーナーに行っていないことに気づきました」というものです。

- 保育者の指導と子どもの学びに焦点を当てた話し合いを続けましょう。
- 観察してよいところを見つけ，すぐに保育者と共有しましょう。すばらしいコーチとは，保育者をやる気にさせる人です。コーチが否定的な態度をとると，本当の信頼関係が築かれません。観察でよいところを探し出し，タイミングよく具体的にフィードバックしましょう。そのよいところを生かして，他の分野の改善も図りましょう。
- 保育者と一緒にどこまでやるかを明確にしましょう。決められた期間内にどこまで変えられるかについて，現実的になりましょう。保育者やコーチの力の及ばない項目は常にあります。変更，修正，またはさらなる向上が実現できることに焦点を当てましょう。
- 誰がいつ，何をするか，次のステップと目標を明確に設定しましょう。

建設的なサポート

- 保育者の頭（考える，分析する，論理的になる）と心（感覚，感情，直観，創造力）の両方に訴えることで，コーチと保育者とのより深い関係が築かれ，保育者は傾聴されていると感じます。
- 保育者に目標を与えるのではなく，一緒になって目標を設定しましょう。
- ECERSの特定のサブスケールに集中して観察を行います。最初は完全な3時間の観察を要しても，その後のコーチングのための観察は短くして，特定の目標に集中するべきです。
- 具体的な方法の手本を見せ，その手本を保育者が観察してどう思ったかについて話し合います。
- 保育者に個別のフォローアップを行います。保育者自身の興味，ニーズ，そして保育者の育ちとしてどの段階にあるかを見極めます。
- 保育者の専門性の向上にターゲットを絞ります。興味のある分野に関する小グループ会議／ワークショップは，保育者同士の新たな学びを生みだすのに役立ちます。
- 資源を見つけ，次のような手立てで共有できるようにします。見つかった資料の整理をする，綺麗な廃材を探す，ウェブサイトや記事を共有する，保育室に必要な遊具／教材の入手について寄付も視野に入れて園長と話し合う，などをします。保育室の遊具／教材や活動が増えるように，“作って持ち帰る”ワークショップを開催してください。

強みに基づくコーチング

保育者ができることと強みに注目せずに，ECERS の点数の低い項目と保育者の弱点を直そうとすることが，コーチにはよくあります（Elias, Zins, Graczyk & Weissberg, 2003）。保育者に対してではなく，質の高い保育室が子どもに与える恩恵に焦点を当てることで，実践に対する意識が高まり，保育者からにらまれることもなくなります。

“強みに基づくコーチング”（Jablon, Dombro & Johnsen, 2016）は，保育者の強みに焦点を当てます。これは，子どもがどのように変わり，子どもが何を経験したかについて話し合うことで可能になります。コーチは，なぜ実践がうまくいったかという理由を探究することで保育者をサポートします。たとえば，コーチが「私は，積み木コーナーの子どもたちが積み木を崩さずにより高く積み上げる方法について話し合っていたことに気づきました。子どもの話し合いは，問題解決を学ぶことにつながります。あなたは，なぜそれが起こったと思いますか？」と言ったとします。やりとりの後，保育者が行った効果的なやり方について，別の観察をしたことを伝えます。「私は，あなたが子どもの話を聞いて，エンパイア・ステイト・ビルディングの写真と他の２枚の写真をさし，自分たちで考えさせようとしたことに気づきました。私は，あなたが投げかけた『写真の建物で同じことは何ですか』という質問に興味をもちました。なぜ，あなたはそのような問いかけをしたのでしょうか。子どもたちが何に気づくことを望んでいたのでしょうか」と続けます。

強みに基づいたコーチングは，効果的な実践に気づくことから始まり，どのようにそこから学びを支援するかについて，保育者が省察するようになります。

エピソードを続けて，コーチが「私は，今朝のお話の時間に何人かの子どもは夢中で聞いていたのに気づきました。なぜ，そんなに夢中になっていたと思いますか。一方で，お互いのことや棚の上に置かれたものに気が取られている子どもに気づきました。その子たちはなぜお話に気持ちが向かなかったのでしょう」と言います。話し合いの前に一呼吸おいてから「では，あなたが言えることについて考えてみましょう」と伝えます。

保育者に，メタ認識（自分自身に対する客観的な認識）を促すことは，実践での自分の考えと意図を振り返り，話し合うことへの足場かけとなります。「何をどのように」や「なぜ」を話すことで，保育者は成長し，子どもとのやりとりや自分の振るまいをより意図的に行うようになります。

どこから始めるか

あたり前のことですが，コーチングのツールとして効果的に ECERS を使用するには，評価スケールに慣れているだけでなく，よく知っている必要があります[*1,2]。

評価スケールを適正に使用できるコーチが最初に ECERS を用いて保育観察を行うことをおすすめします。それにより ECERS の項目に基づいて，強みや改善が必要な分野の全体像を把握することができます。しかし，新任の保育者，あるいは特にスコアの低い保育者と全部の結果を共有することは保育者にとって大きな負担となり，おすすめできません。

サブスケールによるコーチングは変化をもたらしやすく，保育者の自信と知識を増やし，実践の改善を促します。まずはサブスケールの「空間と家具」「養護」から始めて，「保育の構造」へと進めます。ECERS の項目はそれぞれ作用し合っていますが，最初にこの３つのサブスケールに取り組むことで，空間の使い方，健康や安全性，ならびに日課という環境の基礎が固まります。この

＊1　The Environmental Rating Scales Institute（ERSI）（www.ersi.info/training_online.html）は，各尺度について入門用のオンライントレーニングを提供している。Teachers College Press では，ECERS-R のビデオトレーニングも提供している（www.tcpress.com/search?search_term=ECERS）。これらのトレーニングでは，スケールの概要，スコアリングシステムの詳細な手引き，項目のスコアリングを練習するための例題の動画，さらにスケールに慣れるための演習や説明がある。ERSI はまた，ERS の著者やスタッフとともに，実践的な観察や信頼性に関する観察を行う，対面式のトレーニングも実施している。コーチが対面式のトレーニングに参加することは，必ずしも可能でないかもしれない。その場合は居住する州にいるアンカー・アセッサー（アセッサーとして ERSI から認められた人）あるいはそれに準ずる信頼性のあるアセッサーからトレーニングを受けることもできる。

＊2　日本では，埋橋玲子（本書監訳，ECERS-３等の翻訳者）が評価スケール実習を行っている。

3項目は，指導のプロセス，相互関係，内容に焦点を当てないので，保育者にとっても恐れが少ない項目です。保育者のグループに対して，時間をかけて各サブスケールへの導入を行います（少なくとも3～4週間)。これにより，サブスケールを1つずつ掘り下げていくことができ，各項目で子どもへの影響と客観的に最善の実践を理解することができます。腕のいいコーチは，省察サイクル（目標までの枠組み，観察，フィードバック，振り返り）を用いて，個別の保育者に応じた助言をします。

腕のいいコーチは，保育者と信頼関係を築くためにECERSを使うのです。保育環境がよくなるには，保育者が「子どものために」変わらなくてはいけないと感じ，やらなくてはいけないことを選び，望ましい変化を遂げるためのステップを理解しなくてはなりません。保育者の強みに基づいたコーチングを行うことは，保育者の興味と持ち味を生かしてやる気を出させることです。興味と持ち味は成長するためには不可欠な部分です。自分の信念，希望，省察から前向きな思考が生まれるのです。

まとめ

コーチングの目的は子どものために保育室の質に影響を与えることです。子どものために，と考えることがコーチングの第一歩です。ECERSはコーチングの道具であり，よい保育環境とは何かがしっかりと見えるようにするものです。

ECERSは幼児にとって質の高い保育室の3つの基本を強調していることを，著者ら（ハームス，クレア，クリフォード，イェゼジアン）は，たびたび強調しています。

- 子どもの健康と安全が担保されている。
- 子どもの社会性と情緒の発達を促し，大人と子どもとのよい関係が築かれるような援助がある。
- 好奇心を刺激し，経験を通して子どもの学びが広がるような活動や遊具／教材を提供している。

強みに基づくコーチングには，フィードバックと建設的なサポートを行うことが含まれます。保育者や園長の強み，目標，経験，そして学ぶ方法を総動員することです。強みに基づくコーチングは，何がうまくいき，なぜそれが子どものためになったかについて大人の振り返る力を発達させることから，客観的な観察に基づきやるべきことを調整するまでを視野に入れています。ECERS のサブスケールや項目を使うと，保育者の強みを浮き彫りにしたり，どのように変えていくかがわかりやすくなったりします。コーチが ECERS を使って，強みや改善点と「子どものため」を結びつけることで，質の高い保育環境とはどんなものかを明確に共有できるようになります。

第2部

ECERSの項目を用いたコーチング

第4章

サブスケールを使う

ECERSをコーチングのツールとして使用するのは，なぜでしょうか。評価スケールのスコアを高くしていくことは，子どものためなのです。研究による裏づけがあるECERSは，客観的な質の尺度として使われています。

コーチングの枠組みとしてECERSを使用するとは，さまざまな面で子どもの育ちを改善し，コーチングの質の高さが客観的に見て取れるということです。意味もなく何かを変えてみたり，行き当たりばったりであったり，あいまいに指導するのではありません。子どもたちのためになる，最善の保育実践を目的としています。

概　要

ECERSには多くの項目がありますが，項目ごとに指導を行うのは非現実的で，やる気をなくしかねません。サブスケールを使用することで，観察と指導を限定させることができます。一度に1つのサブスケールに焦点を当てることで，保育者も管理職も，省察と成長が容易になります。

続く6つの章では，サブスケールごとに焦点を当てています。各章は以下に示す項で構成され，ECERSのポイントも挙げています。

改善に向けた取り組みのなかで園長と連携し，コーチの立ち位置をはっきりさせることで，すべてのやり方を用いることができます。コーチは，さまざまな資源を活用しながら，園長または管理職を指導することができます。これは，園長等にリーダーシップを発揮させ，職員の離職を減らすことにもつながります。

- **子どものために**

  サブスケールの「何を，なぜ」の概略を説明しています。

- **すぐに簡単にできること**

コーチと保育者が一緒に，まず手がつけられることを示します。園長を指導するコーチは，保育者とできることを考えていきます。たいていは構造的な改善（設備や物品）であり，実行することは比較的単純と言えます。しかし，保育者の立場では実行すること（作り変え，購入）ができないようないくつかの項目では，園長など施設管理者の支援が必要になります。このような場合，コーチは園長らと連携してどんな改善が可能かを検討する必要があります。それらは１日，１週間，または１か月以内の区切りで対処することが求められます。

- **時間をかけて変えていく道筋**

改善を定着させるためにじっくりと時間をかけて実行していくことを示します。それは，より複雑なことであり，保育者の指導，保育者を指導する園長の指導それぞれに役立つものです。

- **もう一歩**

すでによいスコアの項目もサポートすることができるという意味合いを含みます。繰り返しますが，保育者の指導，保育者を指導する園長の指導それぞれに役立つものです。

- **職員会議，専門性研修，ワークショップのためのアイデア**

グループ学習，話し合いのときのヒント，成長のための示唆となるものを示します。コーチや園長が実行してみるとよい，おすすめ事項です。

- **改善計画シート**

付録Ａ１（p.93）にフォーマットがあります。現在の強みを確認しながら，整えていく遊具／教材を明らかにし，改善に向けての計画を保育者と一緒に記入するものです。誰がいつまでに行うかも明確にしておきます。計画シートには，保育環境を確実に変えていくために，できることを順番に書き出していきます。

保育者のニーズや興味，段階に基づき，コーチは上記のような多層的なアプローチをとることができます。園長のコーチは，このアプローチに基づき，園長の保育者に対するコーチングを支援することができます。最初に簡単なことを解決すると，複雑なことの解決に向かえるようになり，多面的な成長につながり，改善の土台が築かれていくことがしばしばあります。実践を変えていくには，時間をかけて継続的に支援することが必要です。

いったん焦点を当てるサブスケールを決めたら，どう子どもたちのためになるかを重視し，園長，保育者らと時間をかけてサブスケール項目を綿密に再検討することをおすすめします。「何を」と「なぜ」を理解することによって，「どのように」すればよいかがわかります。

ECERS のポイント

ECERS は改訂を重ねていますが，改訂にあたっては，最善の実践に基づく研究成果が反映されています。

ECERS は，就学前の保育室における，総合的でグローバルな質を全体的に測定するものです。ECERS-R（=Revised）は長年使用されましたが，2014年発行の ECERS-３（=３rd）では算数や文字についての項目が増え，単に遊具／教材についてだけではなく，学びをサポートするための相互関係を強調し，より優れたスケールになりました。幼児は，さまざまな遊具／教材で遊んだり，他児との遊びを通して学ぶだけではなく，意図をもった大人との相互交流を通して学んでいます。

ECERS のポイント

- 相互関係と保育者の役割をより重視する。
- 遊具／教材の数を数えるよりも，どのように使用されているのかに注目する。
- 「保育室で進行中の活動」の観察を重視している。
- 最新の研究成果を活用している。
- 言葉，文字，および算数の経験に取り組むことに重点がおかれている。
- 「遊びの場」と「活動センター」を区別している。

ECERS は保育室の総合的かつグローバルな質に焦点を当てています。昨今，何が子どもの育ちに影響を与えるかについて注目されるようになったことを反映して，変更が加えられました。ECERS は，何が観察されたかに注目し，相互関係と保育者の役割をより強調しています。

ECERS のサブスケールと項目を使用すると，保育者の強みを特定しやすくなり，変更すべき点のコントロールが容易になります。コーチが ECERS を用いて，強みである点と改善すべき点がどのように子どもたちのためになるかを示すと，質の向上のために何をすればよいかをわかりやすく共有することができます。

第5章

サブスケール1▶空間と家具

このサブスケールでは，屋内外の空間と遊具や設備，家具，部屋のレイアウト，展示物，およびひとりまたはふたりのための空間について扱います。部屋の大きさについては，壁を解体するといった改装なしには実現できないものがあります。でもそれは，ほとんどの施設において実現は困難です。園庭を保育室に近づけることも，新しい設備を設けることも保育者やコーチにはできません。とはいえ，子どもにとって最良の環境を保障するために，屋内外の環境の質をよくしていけるような項目と指標があります。このサブスケールでは，保育の質を向上させるために必要な，保育室内外の構造的な要素を検証していきます。

＊付録Ａ１の改善計画シートを活用しましょう。

子どものために

子どもは，自分たちのために設計され，自分たちが映し出された環境のなかで力強く成長します（Curtis & Carter, 2015)。子どもは，屋内外の両方で自由に動き回って探索できる，十分な空間と設備を必要とします。子どもサイズの椅子とテーブル，遊具／教材や持ち物の適切な保管場所が必要です。保育室には「活動センター」を設け，“これで遊びたい”という明確な意思をもって子どもが自由に遊具／教材を使えることが大切です。さらに，動きの多い遊びにじゃまされることのない，家具の整った居心地のよい場所は，子どもに，くつろいだり，空想したり，本を読んだり，静かに遊ぶ機会を与えてくれるでしょう。

すぐに簡単にできること

• ECERSの安全項目に基づいて，保育者や園長と一緒に，部屋，家具や遊び場，遊具や設備に必要な修繕や清掃のリストを作成します。園長は，修繕や清掃の手配の責任者です。

- 保育者に，保育室内を整頓するように助言すべきです。室内が雑然としていると，利用可能な空間が制限され，室内が実際よりも狭く感じられます。必要に応じて，コーチや園長が手助けしましょう。
- コーチと保育者は，テーブルと椅子が子どもの体にあっているかどうかを確認しましょう。「体にあっている」とは，椅子に座ったときに足の裏が床につき，子どもの膝がテーブルの下に無理なく収まり，テーブルがほぼ肘の高さである状態です。必要に応じて，テーブルの高さを調整します。椅子を適切なものと交換するか，園長に発注をしてもらいます。
- コーチは保育者と一緒に部屋のレイアウトを考えます。物音が高くなる場所と静かな場所の区分けを明確にし，通路を確保します。
- コーチは，どの場所が遊びの場で，どの場所が活動センターであるのかを保育者がわかるようにします。活動センターの数で評点は変わります。
- コーチは保育者と一緒に，午前中に少なくとも30分間の屋外で体を動かして遊ぶ時間（天候が許す限り）と，少なくとも1時間の室内での自由遊びの時間を確保するよう日課を調整します。大雨や大雪，気象警報の発令，気温が極端に高い／低い場合を除き，子どもたちは1年を通して屋外に出て行くべきです。ECERSと医療専門家は新鮮な外気が健康上の利点をもたらすことを重視しており，室内温度が快適に保たれたとしても室内のみで終日過ごすことはECERSの視点や医療専門家の意見に反します。
- 保育者と園長は，子どものロッカーを点検しましょう。できるならば，ロッカーを共有にするべきではありません。細菌やウイルスの拡散を防ぐために，同じロッカーの中で，コートや所持品が他児のものに触れることは望ましくありません。必要に応じてコートを掛けるフックを追加して場所を広げるなどの対策をとりましょう。
- 展示物で，日が経っているもの（1か月以上），年齢や発達に不適切なものがあれば取り除くように保育者に助言します。
- 指導者は柔らかなもののある空間の必要性について話し合いましょう。保育者と園長は，クッション，敷物，ソファーなどの家具を置いてくつろぎの場をつくる必要があるかもしれません。くつろぎの場としては，専用の空間，絵本コーナーがよくあります。誰か引越しをしたり新品を購入したりしたときに，不要の家具や敷物を譲ってもらえるのなら，空間の雰囲気をよくするのに柔らかくてきれいな品を寄付してもらいましょう。

時間をかけて変えていく道筋

コーチは，保育者とともに徹底して以下のことをします。

- 積み木の場，ごっこ遊びの場，自然／科学の場，くつろぎの場，または絵本コーナーで不要なものを除きます。このサブスケールには，くつろぎの場を含む５つの活動センターが必要です。スケールの後半の項目では，これらの場は遊びの場ではなく，明確に区分された活動センターである必要があります。
- ひとりまたはふたりのための空間はどこにありますか。ひとりまたはふたりの子どもがじゃまをされずに遊べる空間の工夫をしましょう。
- 子どもに関係する展示物に焦点を当てましょう。展示物の大部分が子どもの目の高さになるようにします。展示物のうち少なくとも３分の１は，子どもの個性が表れた作品でなければなりません。それには，子どもが題材か素材のどちらかを選んでいる必要があります。子どもが黒の三角の目を貼り付けたオレンジ色のカボチャを作り，そして貼る場所を自分で決めたとしても，保育者がそのテーマ（カボチャ）と素材（オレンジ色の紙と黒の図形）を選択しているので，個性的な作品とは言えません。
- 保育室では，イーゼルや本棚を壁に取り付けるなど，空間を有効に活用する方法を探します。不要な家具は片づけましょう。テーブルは食事と遊びの両方に使えるものにしましょう。

もう一歩

- 日よけやブラインドのない窓がある部屋では，自然光の調節ができるような，軽いカーテンや日よけを作ってくれる人を探すような選択肢について，保育者と相談しましょう。

- 積み木やごっこ遊び，または人気のあるエリアが広くなるように，保育者と一緒にレイアウトを見直しましょう。四角に配置することにこだわらなくてもよいでしょう。
- ひとりまたはふたりの空間にはじゃまをしてはいけない決まりがあることが，子どもにどれだけ徹底されているかを，保育者と話し合いましょう。実行されていることを確かめましょう。
- 観察後に，展示物をどう使うかについて保育者にフィードバックしましょう。毎日決まって行う活動でカレンダーや当番表などを使うのは，親しく話すのに展示を活用しているとはみなされません。
- 保育者や園長と，多様な技能やより高度な技能を育てる，持ち運びのできる運動用具の安全性について話し合いましょう。収納はどうすればよいでしょうか。どうすれば戸外での遊びを確保できるでしょうか。

職員会議，専門性研修，ワークショップのためのアイデア[*3]

1. グループ討議：買い物が楽しい好きなお店について話し合います。買い物が楽しい環境となっている要因を，ブレインストーミング【訳注：脳内に嵐が起きたように思いついたことをたくさん挙げて話し合うこと】しましょう（整理された棚，探しているものが見つけやすい，手助けしてくれるがじゃまにならない店員，混雑していない，魅力的な展示，商品がまとめられている，など）。では，買い物をする気にもなれない店はどうなっているでしょう。買う気になれない理由をブレインストーミングしましょう（ほしいものや必要なものを見つけにくい，商品が取りにくい，雑然としている，大音量で音楽が流れている，面倒くさい店員，手助けをしてほしいのに人がいない，商品が乱雑である，自分のサイズに合うも

＊3　「子どもの学びを支える環境の設定 Setting Up to Support Children's Learning」という You Tube 映像があります。必要に応じて一時停止をして，ビデオクリップの重要な考えについて話し合いましょう。（www.youtube.com/watch?v=bIDMnUVbm8g&feature=youtu.be）

のを探すのに時間がかかる，本当に望むものではないが妥協してしまう，など)。２つのリストを比較してください。保育室の環境と比べてみましょう。自分の担当するクラスで過ごす子どもになりたいですか。

2. 昼寝時間中にグループを戸外遊びの空間へ連れて行きましょう(屋内のホールなどでもう一度繰り返すことも可能です)。約15分間，そこで設備や運動用具を使って遊んでみましょう。一緒に戻ってきて，子どもの遊びでどんな粗大運動のスキルを育てられるかについて確認しましょう。少なくとも７～10の異なるスキルが経験できましたか。何か付け加えられるものはありませんか。

3. 研修の前に，保育室の遊びの場所の写真を撮り，８～10枚の写真を印刷しておきましょう。グループで“活動センター”の定義を見直しましょう[*4]。写真を見て，どれが“活動センター”で，どれが“遊びの場”なのか，そしてそれはなぜかを話し合います。“遊びの場”はどうすれば“活動センター”にすることができますか。

4. 悪天候で外に出られないときには，屋内の広い場所で使える，持ち運べる運動用具一式の袋を作りましょう。用具袋を共有したり増やしたりするためのシステムを確立しましょう。

5. 園庭やホールなどのスケジュールを再確認しましょう。空間と遊具や設備に応じて，何クラスが同時に使えますか。子どもが熱中でき，選択でき，混雑することがなく，遊具や設備を待たずに使えますか。午前中に戸外遊びを短くとも30分間確保するためには，どのようにスケジュールを調整できますか。ブレインストーミングをして解決をしましょう。

6. 保育者がペアになってお互いの保育室を訪れ，どれが“遊びの場”であり，どれが“活動センター”であるかを検討しましょう。そして，部屋のレイアウトに関する発見や提案を共有しましょう。

＊４　『新・保育環境評価スケール①３歳以上』(法律文化社) p. 7。

まとめ

このサブスケールは，保育環境の構造の質に多く焦点を当てています。適切な空間と家具があれば，どの遊びの場所でも，子どもの自信，遊びへの取り組み，人やものをまとめる能力，粗大運動スキルが育ち，学びがあります。幼児向けに作られた遊具や設備および家具，集団の圧力から抜け出してリラックスできる柔らかなものがある快適な空間，自由に走り回れて多様な粗大運動スキルを獲得できる設備・用具・空間，そしてこれらの場所を自由に行き来できる動線を確保する空間が必要です。

多くのコーチが，質の高い保育室の基礎を築くために，最初に空間と家具に関する強み，利点，ニーズに取り組みます。すぐに大規模な改修ができるわけでも十分な予算があるわけでもないので，すべての項目を強化することはできません。とはいえコーチ，園長，保育者は，力を合わせて，それぞれの保育室，園庭，ホールの今あるものを最大限に活用する必要があります。

第6章

サブスケール2 ▶養　　護

このサブスケールでは，食事や間食，排泄，および保健衛生と安全のための実践を扱います。ECERS では保育者が適切な手順をどの程度知り，どの程度行っているのかを考慮します。食事は栄養面でバランスのとれた内容であり，和やかな雰囲気のなかでたくさんの会話があり，子どもができることは自分でするように励まします。食事中には保育者も席に着いていたいものです。排泄については，子どもにとって使いやすい衛生的な設備があり，保育者と子どもとの心地よいやりとりがあるべきです。子どもや大人の手洗いを含め安全で衛生的な環境が保たれているか，大きなハザードが2件以下であることを確認する手順が示されています。力のある保育者は，養護が集団保育において特に重要であることを理解しています。

ECERS のポイント

- 衛生状態について：3点では，試みられていること。5点では，たいていの場合（75%）できていること。7点では，ほとんどができていること。
- 安全について：大小のハザードの関係を明確にしている。
- 戸外と室内のハザードについて：評定は別になっている。指標3.1では，戸外で深刻なけがにつながりそうなハザードが3件以下であること。指標3.2では，室内で深刻なけがにつながりそうなハザードが3件以下であること。指標5.1では，室内と戸外で深刻なけがにつながりそうなハザードは2件以下であること。
- 保健衛生について：大人の手助けなしに，子どもたちが一貫して自分でほとんどの衛生手順を正しく完了できた場合，子どもたちがそのようにするよう教えられたことは明らかであるため，5点の評定が与えられる。
- 保健と衛生上の要件を満たそうと試みていれば，3点の評定が与えられる。

＊付録A1の改善計画シートを活用しましょう。

子どものために

幼児の保健衛生と安全を確保することが，就学前の優れた保育室の基本的な要素であることに異を唱える人はいないでしょう。保健衛生や安全の実践に注意を払うことでリスクが最小限に抑えられ，感染の拡大が抑制されます。さらに，子どもはよい健康習慣を身につけることを学びます。感染の拡大を最小限に抑えるために，保育者は，適宜，適切な手洗いを確実にしなければなりません（登園時，戸外からの再入室時，砂遊び後や汚れて乾燥した教材や素材で遊んだ後，水遊びの前後，湿った遊具を共同で使用した後，粘土遊びの後，体液や開いた傷口に皮膚接触をした後，汚れた物に接触した後）。手洗いの具体的な手順については公的なガイドラインを参考にしてください。

すぐに簡単にできること

コーチは，保育者や管理職と一緒に以下のことを行います。

- どのトイレや流しでも，石鹸，トイレットペーパー，ペーパータオルが子どもの使いやすい位置にあり，なくなったらすぐに補充できるようになっているか確認してください。
- すべての職員と一緒に，保育室内のテーブルの消毒の手順を見直しましょう。習慣化されるまで，手順を大きく書いて掲示しておきましょう。
- 園長と一緒に，園内の大小のハザードを確認し（付録D〔pp.108-109〕を参照），自分たちでできるところはすぐに直し，そうでないものは業者に発注するよう，園長に促しましょう。ECERSでは，子どもの手の届かない高いところにある危険物を小さなハザードとみなし，鍵をかけたところにそれらを収納しハザードを解消することが示されています。
- 幼児用の寝具はできるだけ離して配置できるようにしましょう。寝具の体が触れる側の面が他児のものに触れないように，寝具を保管してください。

時間をかけて変えていく道筋

- 食事や間食のときに子どもができることは自分でするように，保育者が手助けしましょう（配膳，子どもが使いやすい道具で取り分けをする，など）。
- 保育室での観察中に，大人が自分の手を何回洗うかに注意しましょう。大人がするべき手洗いについて見直し，フィードバックしましょう。大人が正しくかつ習慣として頻繁に手を洗うようになるまで，これを続けてください。保育者は手袋を使用しても，初めと終わりに手を洗う必要がないことにはなりません。
- 保育者と手順を見直し，準備，配膳，清掃を合理的に行うことで，落ち着いて食事ができます。
- トイレの順番を待つ間，食事の到着を待つ間，手を洗って歯を磨く順番を待つ間などにできる，簡単な遊びや歌などがあるかを，保育者とブレインストーミングしてみましょう。
- 定期的にハザードを点検するために，交代で遊び場の安全チェックリストを作成するよう保育者にすすめましょう。

もう一歩

- 保育室にトイレや流しが設置されていない場合，手指のアルコール消毒は食事の前の手洗いの時間を短縮するのに役立ちます。安全な保管方法を探り，保育者と一緒に使用しましょう。
- 語彙を増やし，言語と社会性の発達をサポートするために，食事中に話し合うテーマを提案しましょう。

職員会議，専門性研修，ワークショップのためのアイデア

1. テーブル面の消毒手順：いまだにテーブル面を正しく消毒していない保育室の数の多さにいつも驚きます。これは難しいことではありません。手順を記載したカードを渡して，順番に並べてもらいます。ECERS では「～しようとして」いれば３点が取れるので，【項目８　食事／間食】では５点の段階で他の指標が「はい」となっていればテーブル面の消毒がおろそかでも４点は取れます。しかし，この項目は完全に保育者次第ですから，容易に高いレベルに到達することができます。手順を確認し，保育室に貼り出しておける貼り紙を作ってもらいましょう[*5]。
2. 持ち帰れる絵カードなどを作成しましょう。白紙のカードを渡し必要な保健衛生の手順を思い出せるような，絵や言葉を描き込んでもらいます。子どもの写真を使ったり，簡単な絵を描いて言葉をつけたりしてもらいましょう。
3. 園庭に出て，大小のハザードを探してみてください。どうすれば取り除けるのか，ブレインストーミングしてみましょう。
4. 保育者はペアになって，お互いの保育室で安全点検をしてみましょう。自分では慣れてしまって，危険が見えていないことがよくあります。

まとめ

養護は，集団保育で子どもの保健衛生と安全を守るとともに，幼児が健康，安全な生活に必要な習慣や態度を身につけるのにも役立ちます。幼児集団にとって100％安全で衛生的な環境というのはありえませんが，このサブスケー

＊5　「手洗いと保健に関する評価プロセスのための基本的な考慮事項」Handwashing and Basic Health Considerations for Assessment Process という You Tube のビデオをご覧ください。必要に応じて一時停止をして，ビデオクリップの重要な考えについて話し合いましょう。ビデオは13分強で，手洗いだけでなくテーブル面の清拭についても扱っています。（www.youtube.com/watch?v=clkHWPW54jQ）

ルの焦点は，危険と事故を最小限に抑え，栄養価を確実に満たし，感染の拡大を減らすことにあります。これらの項目の多くは，保育者自身が安全で衛生的な習慣を身につけることで改善することができます。

第7章

サブスケール3▶言葉と文字

このサブスケールは，就学前の保育室で，言葉の成長と読み書き能力の向上を保育者がどう援助するかに焦点を当てています。ECERSでは，語彙，思考力，親しい人との間で用いる言葉の育ちを促しています。子どもがいつでもふさわしい本を手に取れること，大人が子どもに本の読み聞かせを行うことが重要であるとしています。このサブスケールは，子どもが必要に迫られて読んだり書いたりできる環境作りの大切さを示しています。どのような手立てを取るにせよ，文字についての総合的で意図的なアプローチが不可欠です。

ECERSのポイント

- 子どもの語彙の拡大を助ける：保育者が何を話すかが大切。
- 子どもが言葉を使うように励ます：保育者は子どもが話すことを望んでいるか。
- 保育者が子どもと一緒に本を使う：子どもたちは楽しんでいるか。
- 子どもが本を使うよう励ます：子どもたちは興味を示しているか。
- 印刷（書かれた）文字に親しめる：文字を読めるだけでは不十分。

＊付録Ａ１の改善計画シートを活用しましょう。

子どものために

語彙は，流暢に本を読むために学ぶことと複雑な概念を学ぶことの本質的な部分となります（Hamre, Hatfield, Pianta & Jamil, 2013）。子どもの知る単語数が読解力につながる強力な予測因子となっていることが，研究によって一貫して確認されています（National Early Literacy Panel, 2008）。子どもの語彙を増やすには，子どもが興味をもつたくさんの言葉を一緒に使わなければなりません（Collins, 2014）。子どものおかれた状況でおもしろい言葉を紹介し，意味を教えることで，保育者は遊びや興味・関心のあるもののなかで子どもの語彙を意図的に広げています。日常の出来事や会話のなかに，想像力を豊かにする言葉を追加することで，子どもは新しい方法で世界を描写するようになり，保育者は子どもの思考スキル，語彙，創造性を育むことができます（Seplocha & Strasser, 2009, p. 4）。

たいていの子どもは自然に周囲の世界に興味をもちます。子どもは知ろうとし，わかろうとします。聞いたり話したりして話し言葉を学ぶように，他の人が書いているのを観察したり，保育者から書くことを励まされたりして，書くことを学びます（Schickedanz & Collins, 2013）。また，子どもは本を音読することでいろいろな力が育ちますが，そのために保育者は，子どもにわかりやすく，想像力を刺激するような問いかけをして，子どもと一緒に声を出して本を読み，子どもが常に本に親しむようにする必要があります（Seplocha, 2017）。

すぐに簡単にできること

- 文字と絵とを組み合わせたものを，保育室の展示物に加える方法を保育者と話し合いましょう。文字は何かの目的を果たすためにあります（窓にラベルをつける目的は何でしょうか）。たとえば，子どもが何をどこに入れるか，その入れ物をどこに置くべきかを学べるように，写真や絵に文字をつけたラベルを貼っておきます。１日の活動を子どもの写真と文字で示して（朝の集まり，食事，自由遊び，グループ活動，外遊びなど），１日の流れを子どもが見てわかるものにしましょう。
- 保育室内を観察して，子どもの名前が目に見えて，役に立つようになっているか確認しましょう。なければ，コーチは保育者に追加するように言いましょう。
- 造形作品に，表題や作品についての子どもの話を，子どもが自分で書くか保育者が聞き取って書いたものを添えるにはどうすればよいか話し合いましょう。
- 保育者と，絵本コーナーに子どもが手に取って読める本が最低15冊あるかを確認しましょう。５点レベルの「たくさんの」とは，クラスの人数によって異なります。20人なら，少なくとも35冊が必要です。絵本コーナー以外の活動センターに本が置いてあるとしても，はっきりと区分された絵本のコーナーが必要です。

- 保育者に，破れていたり，子どもを怖がらせたり，否定的なステレオタイプや社会的メッセージを示すような本を取り除いてもらいましょう。登場人物が他の登場人物を食べたり，いじめたり，殺したりする多くの伝統的なおとぎ話【訳注：アメリカではこのように考えられることがある】，銃を使った物語，インド人を野蛮人扱いする物語，またはその他の否定的な意味が含まれるものをさします。

時間をかけて変えていく道筋

- 誰も聞いていない，話が長すぎる，無表情で読まれるとか，単なる日課の１つとして保育者が大声で物語を読むのは，時間の無駄であり，子どもが興味をもつところではありません。クラス全員に向けて読み聞かせると子どもが興味をもたないのではと保育者が感じるのなら，クラスを２つに分け別々に読み聞かせることで，読み聞かせが上手くいくことを保育者が経験できるよう，助言しましょう。ベテランの保育者の上手な読み聞かせ場面を観察する機会を与えると，参考になるでしょう。
- それぞれの活動センターの内容に応じて文字が書けるにはどうすればよいか，保育者と話し合いましょう。筆記用具や紙をあちらこちらに置いてみるように話してみましょう。たとえば，積み木で作ったものが何なのかを示す貼り紙を書くために白紙のカードとマーカーを置く，電話のメッセージを書きとる・買い物リストをつくる・料理のレシピをメモするなどのためにポストイットとレシピカードをごっこ遊びのコーナーに置く，三輪車を猛スピードで走らせる子どもにスピード違反切符を渡せるように白紙のカードとマーカーを外にもち出す，などが挙げられます。
- 保育者が子どもとの相互関係を深め，会話が増え，子どもの語彙を増やす方法について，保育者に助言し，フィードバックを与えましょう。

もう一歩

- 保育室での現在のテーマや活動に関連して，少なくとも５冊の本を子どもが手に取れるようにしましょう。本が足りなければ，地元の図書館を使うなどして補うことを保育者にすすめましょう。
- 保育室用の本を手に入れるための実践的なやり方をブレインストーミングしてみましょう。たとえば，ある園では，保育室で行う誕生日パーティーのための装飾品や皿を購入するために保護者にお金を使ってもらうのではなく，保護者が自分の子どものほしい本を保育室の絵本コーナーに寄付するようすすめましょう。表紙の裏に「〇〇さんお誕生日おめでとう」と日付入りのラベルを付けるとよいです。
- 保育室にある本を調べ，足りないものを補う方法を話し合いましょう。さまざまな能力，さまざまな文化や人種，伝統的ではない性役割，子どもの感情を描いた本など，幅広いジャンルの本を選べるようにします。健康，仕事，男性と女性，算数，事実に基づく内容，自然／科学，人々，スポーツ／趣味，そして子どもと関係のあるものや興味のあるテーマなど，さまざまなテーマに関する本を検討し加えましょう。
- 保育のなかでどうすれば子どもが文字と音のつながりが楽しめるか，保育者と話し合いましょう。これは，ドリルやクラスで一斉活動をしなさいということではなく，子どもと一緒になって，音や文字の繰り返し，語呂合わせや韻を踏んで楽しめるようになるために行います。

職員会議，専門性研修，ワークショップのためのアイデア

1. 言葉探し：３人か４人のグループに分け，テーマにする保育室内の活動センターや遊びの場，日課（食事，外遊びなど）を割り当てましょう。そのテーマに関連して，ブレインストーミングを行い，想像力を働かせて，できる限

り多くの言葉を頭の中から引き出してリストを作ってもらいます。たとえば，ごっこ遊びのリストには，ヘラ，ザル，調味料，ソテー鍋，刃物類などの単語があります。子どもの遊びに沿って，自然なやり取りのなかで子どもの興味を誘う言葉を使えるように，大きな紙に書きだしておくのです。リマインダーとして保育室の高いところにでも貼っておいてもらいます。この活動は保育者自身の語彙を拡大するのにも役立ちます。

2. 上記の活動を繰り返しましょう。各グループが異なるテーマを選択し，しっかりとブレインストーミングをしましょう。グループから出たリストをまとめ，それぞれの保育室に配布します。

3. 言葉のキャッチボール：この活動の目的は，保育者が単純なやりとりを超えて会話を広げられるようにすることです。ペアになって，古新聞を小さく丸めて新聞ボールを作ります。それぞれのペアに，パズル，ゲーム，虫眼鏡，積み木など，保育室によくある遊具が渡されます。まずは1.5～２m 程度離れて向かい合い，新聞ボールのパスをします。次に，相手にボールを投げるとき，渡された遊具についてのコメントや質問をします。相手からのボールをキャッチしたら，コメントや回答をします。できるだけパスを続けて，会話が続くようにします。テーマを変えて同じことを繰り返します。どのペアも少なくとも２種類の遊具でのやりとりを終えたら，集団を元に戻して活動を終え，コーチが次のような質問をします――パスは何回続きましたか。何について話しましたか。容易に話題が続く遊具はありましたか。この活動はクラスの子どもと言葉を交わすうえでどのように役に立つでしょうか。

4. 動画などの資料を参考にしましょう[*6]。

5. 論文などを調べましょう。学会誌などから，幼児の言葉についての論文を見つけるように保育者に話しましょう。専門性研修では，論文の重要ポイン

＊６　「意図のある指導：読み書きを支えること Intentional Teaching：Supporting Literacy」という You Tube のビデオをご覧ください。必要に応じて一時停止をして，ビデオクリップの重要な考えについて話し合いましょう。(www.youtube.com/watch?v=E８a_QKF８XSM&feature=youtu.be)（後出 p.69）

トと，それらがどのように保育に結びつけられるのかについて共有を促しましょう。

6. 子どもが印刷（書かれた）文字に親しめるような経験にはどのようなものがあるか，ブレインストーミングを行ってリストを作りましょう。
7. ストーリーテリングや素話（すばなし）の専門家を招いた研修を行い，子どもをお話の世界に引き込む方法について学びましょう。

ま と め

幼児期にふさわしい言葉や読み書きの力の向上に反対する人はほとんどいません。語彙と必要に迫られた読み書きが，小学校に進んだとき，読む・書く・話す・理解することの技能の向上の土台となります。幼児は文字を単独では学びませんが（たとえば，曜日の文字），子どもの遊びや生活の流れの状況に応じた学びを通して，読み書きの能力と理解を発達させます。

暗記，ドリル，保育者による一斉指導，ワークブック，その他発達にふさわしくない実践に対する懸念が高まっています。その背景には，子どもが読み書きをどのようにして学ぶかについての教育や知識が欠けている，親からのプレッシャーがある，遊びを通しての学びというものが信じられない，子どもが必要に迫られて読んだり書いたりする保育環境を構成するやり方がわからない，などの状況があります。語彙を増やすことが，子どもの読み書きの能力の向上の鍵です。子どもの今，ここについて（子どもの興味，遊び）の豊かな言葉や，個人や小集団との関わりであれこれと話題を広げていくことが，語彙の拡大につながります。お話の世界に引き込む，子どもが本に親しめるようにする，身の回りにある文字の形と役割がわかるようにする，このようなことが子どもの成長を支える意味のある実践と言えます。このサブスケールでの改善は，保育者に対する教育を必要とするため，改善が持続的なものになるには時間がかかります。

第8章

サブスケール4▶活　動

子どもが幼児期の間に発達させるスキルは，将来の育ちと発達のための基礎となります。就学前の子どもにとって，多様で適切な遊具／教材を自分たちで使えるようないろいろな活動センターや遊びの場があることはとても大切です。子どもが遊具／教材を使って遊ぶ十分な時間が必要であり，保育者からの働きかけや相互関係が重要であり，質の高い保育室では両者がうまく関連し合っているのです。

ECERS のポイント

- 遊具／教材がそろっているか，というだけではなく，子どもがそれを使うときの保育者からの働きかけや相互関係の大切さを強調している。
- 「(3時間の観察時間中に) 少なくとも1時間」は，遊具／教材が使えることが求められる。
- 算数に関係する項目は，以下の3項目ある。

【項目23 遊びのなかの算数】子どもが算数の遊具／教材が使えるかどうかだけではなく，興味関心がもてるように保育者がどのような働きかけをしているか。

【項目24 日常生活のなかの算数】生活や活動のなかに算数がどのように入れ込まれているか。

【項目25 数字の経験】保育者は子どもにとって意味のあるやり方で数字に親しませているか。

＊付録A1の改善計画シートを活用しましょう。

子どものために

カリキュラムは教育者によって捉え方が異なるため，定義はさまざまです (Kostelnik, Soderman, Whiren & Rupiper, 2015)。カリキュラムについてECERSでは，学びの環境と遊具／教材，大人と子どもの相互関係，指導方法，保育内容を含むものとして全体的に捉えています。これらのものすべては相互に影響し合い関連しており，すべてが子どもの学びの機会と育ちに関わってきます。子どもの探究活動を可能にするには，質・量ともに豊かな遊具／教材がそろっているだけでなく，時間もまた重要です。妨げられることなく子どもが活動を選択することが，問題解決能力や自己選択のスキルを発達させることを助けます。

保育者がいろいろと質問しながら，また遊びについての情報や新しい言葉，アイデアを補いながら活動センターを見て回るとき，子どもは成長し，最も大きな学びとなります（Englehart, Mitchell, Albers-Biddle, Jennings-Towle & Forestieri, 2016; Tomlinson & Hyson, 2012）。子どもはまた，想像を膨らませ，創造力を発揮しながら，仲間と協同して遊ぶこともできます。文化的に多様な遊具／教材や活動は，子どもが世界には多くの異なるタイプの人々がいることを学ぶのを助け，自分とは何者なのかを形作っていくために人と同じところや違うところを理解するのを可能にします。

就学前の子どもにとっての算数の発達の重要性（Charlesworth, 2015; Erikson Institute, 2014）にかんがみ，算数について３項目があります。子どもの算数にまつわる言語や語彙の習得や使用，活動を通しての算数的な概念の理解，問題解決に取り組むことによる忍耐力や持続力の発達を促すことをねらっています。

スケールでは，微細運動，造形，音楽リズム，積み木，ごっこ遊び，自然／科学，多様性，ICT【訳注：Information & Communication, Technology。電子メディア】の活動センターを設け，そこでの保育者の働きかけを総合的に組み合わせています。それにより，ふさわしいやり方で子どもの発達を確かなものにしていけるでしょう。

幼児は，でき上がりの良し悪しよりも創造のプロセスの方が楽しいのです。ですから，結果として何ができ上がろうと関係なく，柔軟に遊具／素材を使えるのでなくてはなりません。子どもは，自分の興味関心のあることを自分で選ぶときにより多く学ぶのです。生き生きとした直接経験と遊びの振り返りが両輪となって，子どもの学びと育ちにつながるアクティブラーニングを可能にします。

すぐに簡単にできること

- 必要な自由遊びの時間がとれるように，保育者と一緒に日課の見直しをしましょう。ECERSでは，３時間の観察のなかで少なくとも１時間，活動センターや遊具／教材が自由に使えることを求めています。私は70〜75分の自由遊びの時間を計画するようすすめています。たとえば，片づけの呼びかけがあると，誰も片づけていなくても自由遊びの時間は終了とみなされるからです。遊べる時間の量についてはさまざまな項目に織り込まれています。求められる時間を確保すると，点数はよくなり，子どもにとってもよいことになります。
- コーチと保育者は，数字とその意味がわかる絵のついた掲示を探してみましょう。もし見あたらないようなら，次のような簡単な工夫ができます——遊びの場の定員を点で示す，数字の意味がわかる絵のついた掲示をする，貼り出されたレシピの表に絵と数字を使う（例：小麦粉１カップ，砂糖大さじ３杯），あるいはクラスの新しいペットの名前を決めるのにどの名前に何人が投票したかの合計数を正の字を使って表に示す，など。
- 子どもが１人でコンピュータやタブレットを使うとすれば，どのようにして使う時間を確実に制限するのかを保育者と話し合いましょう。これがなぜ子どもにとって重要なのかを話し合います。制限方法が観察されなければその手順を設けます。
- コーチと保育者は，多様性がこのクラスでどのように表されているのかを見なければなりません。保育者が保育に多様性の要素を増やしていく材料（家族，近隣，写真，図書館，祈りの場）について話し合いましょう。

時間をかけて変えていく道筋

- 評価スケールでは項目ごとに遊具／教材の量やカテゴリーを明確に定めて

います。それぞれの活動センターを保育者と一緒に見直し，何を追加すればよいのかリストを作ります。購入しなくてはならないものもありますが，手作りができたり，家庭から持ってきてもらったりできます（コラージュの材料，ごっこ遊びの衣服，楽器，リサイクル素材，木片など）。（付録C〔pp.98-107〕参照）

- 必要な遊具／教材を購入するための方法を，あれこれと考えてみましょう。
- クラスで人気・不人気の場所はどこか，保育者が見ていなかったり行かなかったりする場所はどこか，よく観察してみましょう。どうすればすべての場所を遊びに活用できるかについて話し合いましょう。
- どのように創造力を育んでいるのかに注目しましょう。作品 vs 造形のプロセス，保育者主導の造形活動 vs オープンエンドの造形活動の違いについても話し合いましょう。

もう一歩

- 保育者が子どものしていることを観察し，わかったことを話し合いましょう。保育者が子どものすることやその子ども自身に興味をもっていると子どもに伝えることが子どもの学びを広げます。そのために保育者はどうすればよいか話し合いましょう。
- 保育者が活動の説明文を書くのを励ましましょう。また年長児であれば，自分で作ったものに自分で表題をつけることを励ましましょう。そのことが子どもにとってどういうメッセージを与えるかについても話し合いましょう。
- 保育者が，子どもが言葉の音に興味がもてるようにしているかどうかを観察しましょう。韻を踏んでいる言葉を指し示したり，脚韻や頭韻で遊んだり，子どもがいろいろな言葉遊びをするのを保育者がどのように励ましているか，観察した例を伝えましょう。そして保育者がこの実践を日常的に子どもとのやりとりのなかに組み入れる方法を提案しましょう。

- 積み木遊びでどのような学びを広げていけるか，保育者と話し合いましょう。ごっこ遊びや積み木遊びで子どもたちとやりとりをしながら，書くことや，数量形などの言いまわしや概念につなげていく方法について一緒に考えましょう。
- 子どもが自分でできるスキルが育つように，保育者が容れ物や棚にラベルを貼るよう助言しましょう。

職員会議，専門性研修，ワークショップのためのアイデア

1. 文献研究：いろいろな参考文献を一緒に読みましょう。第12章でいくつか提案をしています。
2. 動画などの資料を参考にしましょう[*7]。
3. 教材作りのワークショップ：多様な素材を用意しておき，保育者にも素材を持参してもらいましょう（例：雑誌，写真，糸，ボタン，ボトルの蓋，その他見つけられる素材)。それぞれのセッションは１つの領域に絞りましょう（自然／科学，算数，微細運動)。
4. 野外散歩：保育者に，見たものの写真を撮り，クラスに持ち帰る石・小枝・松ぼっくり・葉っぱ・その他の材料を集めるようすすめましょう。散歩から帰ったら，部屋や活動に自然を持ち込むための方法について共有しましょう。撮った写真を印刷し，掲示したり，本またはパズルを作ったりすることを保育者にすすめましょう。
5. 自由遊び体験：保育室に入り少なくとも30分間，保育者が自由遊びをしてみます。活動センターごとにグループ分けをし，それぞれの活動センターで子どもたちが何を学ぶのか，自分たちが何をして何を感じたかについて話し合いましょう。
6. 項目ごとのワークショップ：コーチが講師となって実践的なワークショッ

＊7　「毎日算数を探究する Exploring Math Everyday」という You Tube をご覧ください。必要に応じて一時停止をして，重要なポイントについて話し合いましょう。
(www. youtube. com/watch?v=KfHyxUDQCBg)

プを行うか，保育者にワークショップの講師となってもらいそのサポートをコーチが行うという手もあります。項目を選び，保育者が保育内容についてより詳しくなり，よりハイレベルな問いかけをして子どもの学びを支えることができるようにします。参加者に使う資源やアイデアを共有するようすすめましょう。

ま と め

〈サブスケール４▶活動〉では，質の高い保育室に求められることがらと活動センターとの両方が述べられているため，他のサブスケールよりも多くの項目があります。多くの多様な遊具／教材，さまざまな活動センター，保育者の遊びへの励ましとともに，十分な選択の時間を確保すること（１時間以上）は，子どもからの発信と大人からの促しや足場かけとのバランスを整えます。子どもは遊びを通して学び，そのために時間，遊具／教材，そして足場かけは，保育室の至る所で子どもの学びを支え広げるための鍵となります。それゆえコーチは，項目ごとに実践を具体的に示していかなくてはなりません。保育者にとって算数と自然／科学は多くの助けを必要とする分野ですので，コーチはこれらのトピックについて，専門性の開発や個人的な指導・相談に多くの時間を費やす必要があります。

第9章

サブスケール5▶相互関係

相互関係は意図のある指導の中心となるもので，スケールの全体を通して，あちらこちらに埋め込んであります。ここでサブスケールとして取り上げている相互関係とは，保育者がどのようにして子どもの望ましい態度や習慣を育成し，子ども同士の関わりを支え，見守り，学びを支えるために保育者自身はどのように関わるのかといったことです。ECERSは，個別的な指導と学びに特に注目しています。このサブスケールでのコーチングは，保育者がクラス内での子ども同士の関わりを通して子どものもつ概念を発達させ，質の高いフィードバックを行い，子どもにとって言葉の使い方のよい手本になれるように支援することを意味しています。

ECERSのポイント

- 粗大運動遊び以外の見守りについては，必要となる各項目の中に含まれている。
- 子ども同士の関わりと保育者からの教育的な関わりを重視する。
- 保育者が，子どもの発達の過程と興味に即してそれぞれに応じた個別的な指導を行うことを重視する：低いレベルでは，全員に同じ内容を教える（例：週の曜日を答える，全員で復唱をする，すべての子どもに同じ質問がされる）。高いレベルでは，保育者は子どもにとって意味がある発達にふさわしい方法で子どもたちの学びを支える。

＊付録A1の改善計画シートを活用しましょう。

子どものために

安全を確かなものにして学びを支えるために，1日を通しての養護と応答的な見守りはもちろん重要です。なかでも体を大きく動かす遊びの見守りは，事故の防止だけではなく，粗大運動スキルの発達を支えるためにも特に重要です。その時間は保育者がひと息ついてお互いおしゃべりするための時間ではありません。保育者が子どもの挑戦したくなる遊具の近くにいることで，起こりうる危険な活動を止め，遊具を安全に正しく使う方法を指導することができます。子どもがより高度な粗大運動スキルを習得・発達させるのを助けることや，活動的な遊びを主導することに，保育者の遊びに対する熱意が現れます。体を大きく動かす遊びの見守りで，子どもの概念形成（位置を示す言葉，自然／科学）や語彙の拡大が支えられます。

望ましい関係があれば，学びと教えはより生き生きとしたものになります（Shonkoff, 2017）。生き生きとした学びと教えが生まれると，子どもはより能力が開発され，活動に引き込まれ，次には自分から優れたものを求めていくようになります。教育者としての私たちの役割は，子どもの問い，知りたい気持ち，好奇心，関心に基づき，どのようにすれば学びの足場かけができるかを知ることです（Strasser & Bresson, 2017）。子どもが自ら興味をもち意味を見出した学びは，学業のスキルをはるかに超えます。保育者がそれぞれの子どもの能力，ニーズや興味に応じ，手本を見せ，さまざまな説明をし，子どもが自分のペースと興味に基づき探究し活動に参加するようになったときに，一人ひとりに応じた指導が成立するのです。一人ひとりに応じた指導こそが，子ども全員の個人差のあるスキルやニーズ，能力を支えるのです。保育者は保育室内を見回りながらこれを行います。それが保育者の日常でもあります。

子どもは仲間と大人の両方との関わりを通して，人間関係のスキルを発達させます。保育者が，他の人がしたことでどのような気持ちになるかに気づかせることで，子どもは自分の行為が他者に影響することを学びます。たとえば，ある子どもが粘土を別の子どもに分けその子どもに笑顔が見られたら，分けてあげたことで相手が嬉しくなったからと保育者が説明します。もしある子どもが他の子どもが作った積み木を叩いて崩し，その子どもが泣くか怒るかすると，保育者はなぜ泣いたり怒ったりしているのかを説明します。これは，子どもが自分が人に言ったりしたりしたことが相手に伝わり，喜ばれたり嫌がられたりすることを理解するのに役立ちます。保育者が，肯定的に人と接してみせることで，子どもの手本となり，肯定的な仲間関係が促進されます。保育者は子どものよいところを認めたり，近くで見守ったりすることで，子どもが他の子どもとの関係のなかで他人の存在に気づき，相手を尊重する気持ちをもって行動できるようにしましょう。

保育室には，子どもが自分の考えや気持ちを素直に出せる，穏やかな雰囲気がなくてはなりません。穏やかな雰囲気は，子どもの学びの土台となるものであり，子どもが新しいことを試したり周囲と肯定的に関わったりすることを促し，子どものためとなります。保育者と子どもの関わりには，肯定的で相手を尊重する気持ちが必要です。望ましい習慣や態度が身につくようにすることの意義は，子どもが自分自身の振るまいをコントロールすることを学び，自分で自分を律するようになることにあります。子どもの振るまいが間違っていたとしても，保育者が子どもを尊重しながら問題にしっかりと向かわせることで，自尊感情を保ちながら，なぜいけなかったかを子ども自身が理解できるようになります。

すぐに簡単にできること

- 園の生活のなかで争いが起こることのないよう，どの保育室でも“順番”の明確な決まりが必要です。保育者が，皆が遊びたいもので遊べるように，人数が多いときはタイマーを使ったりウェイティングリストを作ったりすることを提案しましょう。保育室にしっかりした決まりがあると，子どもは我慢強く順番を守るようになります。
- ３時間の観察時間内に体を大きく動かして遊ぶ活動がまったく観察されなかったら，【項目28 粗大運動の見守り】は自動的に１点となります。悪天候により園庭が使えないような日でも，どこか屋内で体を大きく動かして遊ぶことが必要だからです。コーチは保育者や園長と話し合い，天候や健康上の理由がない限り，子どもが毎日戸外に出られるようにしましょう。戸外に出られない日には，屋内で最低10分間（もっと長い方がよい）は活発な粗大運動遊びを必ずするように伝えましょう。

時間をかけて変えていく道筋

- 保育者に否定的な身体接触や望ましくないしつけの方法が観察されたら，そのことに気づいてもらいましょう。なぜそうしなくてはならなかったのか，どうすればもっとよかったかについて一緒に考えましょう。
- 保育者が教え込もうとした場面について，なぜそうしたかについて腹を割って話し合いましょう。子どもと一緒にいてどんなことが楽しいか，何がストレスかについて聞いてみましょう。
- 【項目29 個別的な指導と学び】について，それぞれのレベルで期待されることを保育者とまとめてみます。観察データに基づき，どうなれば1点，３点，５点であるかについて認識を共有しましょう。どうすれば3点，５点の関わりができるかについて話し合いましょう。レベルは以下のとおりです。
  - ➢１点レベル：教える内容が子ども全員に対して同じである（曜日を唱える，自分の名前を書く，子ども全員に対して同じ本）。
  - ➢３点レベル：自由遊びの間，保育者が子どもが答えられるような問いかけをする（形，色，数を尋ねる）。
  - ➢５点レベル：保育者は室内を見回り，子どもの遊びにより高いレベルの関わりを行い，学びの足場かけをする。子どもたちはよく反応し，遊びがうまく展開している。
- 付録Ｂ「相互関係のリスト」を保育者と共有しましょう（pp.96-97）。相互関係はスケール全体を通して多くの項目に組み込まれているので，どのような関わりが観察され，どのような関わりは見られなかったかについて明らかにしていきましょう。

もう一歩

- 子どもに応答的であり，すでに学びのファシリテーターとしての役割がわかっている保育者もいるでしょう。その場合は，【項目29 個別的な指導と学び】で５点レベルから７点レベルに進むのを助けるのが適切です。７点レベルでは，指導のほとんどが個別的で，自由遊びのときに一人ひとりに応じた指導がなされていることを意味しています。個別的に指導できる機会がどのようなものであるかについて，観察のなかで具体的にこうすればよかったという例を挙げて伝えましょう。保育者が主導する活動であっても，指導を個別的に行うにはどうすればよいかについて話し合いましょう。

- 子どもからの言葉にならないサインをキャッチし，子どもが保育者に何を伝えようとしているか，そのサインにどう応答するかについて保育者と話し合いましょう。
- 「賞賛」と「励まし」の違いについて話し合いましょう[*8]。

職員会議，専門性研修，ワークショップのためのアイデア

1. 幼い子どもと１日中保育室にいると多くのストレスが生まれるものです。ストレスは，保育者が冷静さを失ったり，短気になったり，子どもに苛立ったりする原因になります。ストレスマネジメントについてのワークショップをもちましょう。
2. 保育者に，体を動かす遊びのアイデアをもち寄ってもらいます。子どもになってその遊びをやってみて，皆で楽しい気持ちになってそれを覚えておいてもらいましょう。
3. １日を通して子ども同士の関わりを支える方法を共有することに，研修の重点をおきましょう。子どもが，いざこざを解決したり，プロジェクトに一緒に取り組んだりするとき，どのように援助すればよいかを話し合います。子どもにとってそれがどういう意味があるかに重点をおきます。保育者に支えられ，機会を与えられると，子どもは何を学ぶのでしょうか。

＊8　「praise versus encouragement」とインターネットで検索すると，いろいろな短い記事や抜粋を見つけられます。「賞賛 praise」と「励まし encouragement」の区別や効果について理解しておかないといけないことがわかるでしょう。

4. 子どもが望ましい習慣や態度を身につけていくためのアプローチをテーマにしてワークショップを開きましょう。簡単な事例を示したり，保育者に事例を挙げてもらったりしましょう。たとえば，作った積み木が壊される，朝の会やお話の時間に話を聞けない子どもの例などがあります。グループに分かれ，子どもの社会的発達と情緒の安定を援助する方法についてブレインストーミングを行いましょう。
5. 動画の資料を参考にしましょう[*9,10,11]。

まとめ

コーチングでコーチと保育者との関係の重要性に注目するのと同じように，相互関係のサブスケールは，子どもの育ちを支える大人・子どもの関わりの重要性に焦点を当てています。保育室内でも園庭や散歩中の屋外でも，自由遊びでも日常のルーチンでも，いつでも大人の言葉は子どもの学びを広げます。腕のいいコーチは，保育者のよいところを認め，より意味のある関わりにするやり方を話し合うのに，保育者の言葉を直接引用することをよくします。このサブスケールでのコーチングの鍵は，保育者が子どもに対して受容的であるだけではなく，子どもの学びにつながる指導のタイミングをつかみ，励ましと賞賛との違いを理解し，適切な質問をして子どもとの会話を展開できるように助けることにあります。

＊9 「意図のある指導：読み書きを支えること Intentional Teaching: Supporting Literacy」という You Tube の動画を見ましょう。保育者が子どもたちの考え，興味，思考を広げる意図をもって子どもたちと関わる方法を話し合うのに，必要に応じて一時停止して話し合いをしましょう。（www.youtube.com/watch?v=E8a_QKF8XSM&feature=youtu.be）（前出 p.56）
＊10 ピラミッド・モデルに基づくメソッド等が紹介されています。（challengingbehavior.fmhi.usf.edu）
＊11 同上。（csefel.vanderbilt.edu/resources/training_preschool.html）

第10章

サブスケール6 ▶保育の構造

このサブスケールでは日課についてみていきますが，ECERS では，子どもの自由遊びを重視しています。良いスコアには，室内での自由遊びと屋外での粗大運動の自由遊びの両方を含む，「少なくとも1日に合計1時間の自由遊び」が求められています。

自由遊びとは，子どもが遊ぶ仲間を選び，遊具／教材を選べることを意味しています。もし子どもが活動センターに割り当てられていたり，保育者がグループや遊具／教材を選んだりしていれば，これは自由遊びではありません。自由遊びでは，子どもが量も種類も多い遊具／教材を使えることが求められます。加えて，人気のある活動センター，設備，遊具／教材には，タイマーを使って持ち時間を決める，ウェイティングリストがあるなど，活動への参加を調整する明快なシステムがあるべきです。

次の活動への移行は，保育者が準備を整えスムーズであるべきで，子どもは次の活動に移るまでに3分以上待たされるべきではありません。クラス全員で行う活動は，発達にふさわしく，子どもが夢中になれるものでなくてはいけません。7点のレベルでは，集団での活動は通常，より小さい集団で実施されます（例：担任が1つのグループにお話を読む間，別の保育者は違うところでもう1つのグループにお話を読むなど）。時には，子どもはクラス集団活動から離れて，自分がより興味をもてる場所や活動に行くこともできます。

＊付録Ａ1改善計画シートを活用しましょう。

子どものために

ねらいをもってクラス集団活動を行うとしても，参加に困難のある子どもがいるなら，小グループに分ける，サポートを行う，あるいはその子どもは参加せずに保育室内で自分が満足できる他の活動が行えるなどの方法をとるべきです。そのことが，クラス集団活動で一人ひとりの子どもの興味や欲求が十分に満足させられる助けとなるでしょう。できるようなら，保育者が一人ひとりの子どもに注意を行き届かせ，子どもが最大限活動に没頭できるよう，より小さい集団で活動が行われることが望まれます。

子どもの1日の生活には，移行時間がたびたびあります。朝の観察では，朝の集まり，自由遊び，園庭などでの遊び，お話を聞く時間，間食や昼食，合間に排泄や手洗いがあるでしょう。移行時間は，子どもがルーチンに従うことで次に何をするかがわかって安心し，1日の見通しをもって行動することを学ぶのに役立ちます。時には待たねばならないということも学びます。質の高い保育室では，保育者はいろいろな活動のつなぎの時間をうまくこなし，子どもはスムーズに1日の流れに沿って生活ができます。何もせずにただ待っている時間が3分以上ないように，全員の子どもがどの待ち時間も移行時間も何かに取り組む（歌を歌う，手遊びをする，言葉遊びをする）ようになると，学びの時間は最大化されます。

自由遊びは，子どもが選択し，探究し，実験し，興味に従う機会を可能にします。自由遊びの利点はいろいろなところに書かれています。〈発達にふさわしい実践〉に関するNAEYC【訳注：National Association for the Education of Young Children：全米乳幼児教育協会】の声明には，「遊びは言語，認知，社会的能力と同等に自己調整を発達させるのに重要な車輪である」（NAEYC, 2009, p.14）とあります。遊び，特に社会的ごっこ遊びに夢中になることは，発達と遊び，そして後の学業面での成功にとって極めて重要なのです。マリロウ・ハイソン（M. Hyson）は「遊びは学びの休憩ではなく，学びへの通り道である」（Bohart, Charner & Koralek, 2015, p. 96）と述べています。子どもが遊びを通して学ぶ能動的な学び手であることを理解することが，日課を組み立てるときの鍵となります。子どもの選択，関心，主導に従って保育者が自由遊びに意図的に関わることで，一人ひとりに応じた学びへの足場かけが可能になり，総合的な学びが支えられます。

集団活動は，クラス全体でも小グループでも，自由遊びの間に起きている学びを広げ，多様な内容領域へのつながりを強めるために用いられなければなりません。集団活動は子どもが喜んで取り組み，子どもの興味と，現在探究されているテーマを結びつけるものであるべきです。意図のある指導には，子どもの学びを最大化するために，子ども主導の経験と大人主導の経験とのバランスをとることが含まれます（Epstein, 2014）。

すぐに簡単にできること

- 午前中に室内と屋外両方で，合わせて少なくとも１時間の自由遊びがある日課にしましょう。他のサブスケールの指標に見合うためには，観察されたスケジュールは，最低30分の粗大運動遊びとともに，最低１時間の自由遊びがなければなりません。必要に応じて，保育者が調整するのを手伝いましょう。
- 自由遊びは，自由な遊びであること。指導者は保育者が子どもを，活動センターに割り当てたり，ローテーションさせたりすることをやめさせるべきです。なぜなら，それは自由遊びとは考えられないからです。自由遊びは子どもが選択肢をもつことを意味します。
- コーチと保育者は，通常の１日で子どもが経験する移行の回数を見るため，１日のスケジュールを検証しましょう。これは手洗い場やトイレが保育室の外に設置されている場合，特に問題となります。たとえば，外遊びの後が食事なら，子どもは園庭から戻ってくる途中で手を洗うことができます。もし保育室に食事が到着するのがいつも遅いのなら，到着を待つ間，短いお話の時間を計画しましょう。

時間をかけて変えていく道筋

- 自由遊びの間の保育者を観察しましょう。関わりのパターン（例：子どもの振るまいの指導，情報を伝える，簡単な質問，やりとりを広げる）と，どこでどのくらいの時間を過ごしているのかを表にしてみます。保育者が，自由遊びのときに自分の行為や子どもへの関わりに注意深くなるよう，データを保育者とともに振り返りましょう。
- 待ち時間を最小にし，子どもが楽しく過ごせるように，その時にできるような歌，手遊び，言葉遊びを皆で一緒にやってみましょう。

- クラス集団活動の目標を検証しましょう。朝に短い時間で全体が集まり，クラス集団を成立させることには意味がありますが，何から何までクラス全体で行うことが適切でしょうか。一人ひとりへの指導が行き届いて子どもが活動に集中できるように，小集団でできる活動なら，小集団で行いましょう。そのように変えていくことを保育者と話し合いましょう。
- 子ども全員の前に立っていたり，子どもに決まりきった答え方をさせたりするときだけ自分が先生であるように感じる保育者もいますので，体に染みついたクラス集団活動の習慣から脱け出すことは難しいかもしれません。保育者が他の人のよい実践を観察する機会を作り，見たことと自分がしていることとの違いを話し合いましょう。自由遊びの利点についての記事を共有し，話し合いましょう。消極的な保育者には，クラス集団活動の時間を制限し，それによって生まれた時間に何ができるかについて話し合いましょう。

もう一歩

- 一緒に毎日のルーチンを振り返りましょう。待ち時間を最小にするために，個人または小集団で徐々に行えないでしょうか。たとえば，子どもたちが登園後すぐに朝食をとるなら，登園した順番に手を洗い，朝食の席に着けるようにします。それにより手洗いを1回で済ませることができます。
- 最近の活動のテーマの探究を支えるために，保育室にどんな遊具／教材を加えればよいか一緒に考えましょう。
- 自由遊びの間に，子どもと一緒におもしろい言葉を使うモデルを示すこと。あなたがそうする目的を保育者に伝えておきます。手本を示すことは，あなたが意図的に行っているのを保育者が知っていて，あとでフォローする話し合いがあるときのみ効果的です。あなたがどのような言葉を，いつ，なぜ使ったのかについて保育者と話し合う時間をもちます。

職員会議，専門性研修，ワークショップのためのアイデア

1. 一緒に歌う活動やちょっとした手遊びを3～5個行って，職員会議を始めましょう。歌や活動を提供したり，参加者をペアにして，保育者が知らなかった歌や活動を共有するよう設定することができます。ミーティングの際に，機会があるごとに歌ったり遊んだりすることで，参加者はレパートリーを増やすことができます。これは新人保育者や経験の浅い保育者にとって特に役に立ちます。
2. チームを作り園庭の使用スケジュールを見直し，戸外での自由遊びで体を動かして遊べる時間を確保できるように調整しましょう。
3. 自由遊びを大切にする風土を確立しましょう。職員の休憩室，ラウンジ，事務所，廊下に，自由遊びにまつわる文言を掲げておきましょう。私がおすすめするいくつか[*12]をここに挙げます。
   - ➢子どもは自分で発見したことだけを真に理解する。そして私たちが彼らに早く教えようとする度に，子どもが自分で再発見することを妨げている。(Jean Piaget, 1896-1980)
   - ➢子どもが私たちの教える方法で学べないなら，私たちが彼らの学べる方法で教えるべきだろう。(Ignacio Estrada)
   - ➢子どもの脳は満たされるべきポットではなく，発火させられるべき火である。(John Locke, 1632-1704)
   - ➢子どもに，学べと強制するな。学びたいという意欲を作り出せ。(Jean-Jacque Rousseau, 1712-78)
   - ➢人は年をとるから遊ぶのをやめるわけではない。遊ぶのをやめるから年をとるのだ。(George Bernard Shaw, 1856-1950)
   - ➢平凡な保育者は伝える。よい保育者は説明する。優秀な保育者は示す。偉大な保育者は感化する。(William Arthur Ward)
   - ➢私たちは子どもに，解決するべき問題よりも思い出すべき答えを与える

＊12　www.brainyquote.com and files.eric.ed.gov/fulltext/EC440779.pdf

ことがあまりに多い。(Roger Lewin)

➢不思議に思うことは，知恵の始まりである。(ギリシャのことわざ)

4. 保育者に，自由遊びの利点についての記事を見つけてきて仲間と共有してもらいましょう。自由遊びが幼児にとってなぜそれほどまで重要なのか，話し合える環境を作りましょう。

まとめ

ECERSで，項目数が一番少ないのが〈サブスケール6▶保育の構造〉です。日課，自由遊び，移行時間，クラス集団活動は子どもの園生活の基礎を形作っています。保育室の雰囲気に関わるので，このサブスケールはしばしばコーチングの早い段階に着手されます。

子どもたちにとっての利点が理解されるよう，保育者，園長，コーチは，クラス集団活動は子どもが集中できる時間を超えてはいけないと理解し，自由遊びを子どもたちの学びの最初の車輪として価値づける必要があります。コーチは，移行と待ち時間を管理して最小化するため工夫を提供することもできます。

第3部

総まとめ

要　　点

学びの芽生えを育てる質の高い保育環境のもとで，子どもは自分の潜在能力を最大限に引き出せるスキルを育てます。そのとき，保育者は重要な役割を果たします。

ECERS を使って効果的なコーチングを行い目標に向けて改善を図るには，観察からエビデンスやデータを得て，それらを日々利用する必要があります。コーチや園長は，データをもとに保育者が保育の振り返りを日々ていねいに行うよう指導し，保育者の保育をたえず向上させるよう支援します。ECERS は典型的な 1 日の保育室での出来事を切り取ってくれます。

コーチングには，観察されたことについて客観的な情報を与え，より効果的な実践のための計画を立てることが含まれます。ECERS のサブスケールは，改善に向けたいくつかの実行可能なステップを示してくれます。[*13]

本章では，グループでコーチングをするときの指針とその理論的根拠を示し，コーチと園長との重要なパートナーシップに焦点を当てます。ECERS を使ううえでの助言も盛り込まれています。

職員会義，専門性研修，ワークショップにおけるコーチング

変えていける力は，そのまま，前向きな考え方につながります。前向きな考え方は，子どもの発達や学びに対する知識や理解，省察によって生み出されます。保育者に，それまでの実践の理論的根拠をじっくり考えてもらうと，ねらいをもって計画を立てることに意欲的になるでしょう。保育者自身の実践について専門的に話し合う機会を与えることは，相対的な見方や理解を深め，自己省察を促します。テーマを決めてグループ・ディスカッションをし，同僚の見

＊13　コーチや園長が，ECERS-R の項目の細かな意味や求めるところを理解するには，All about ECERS-R（Cryer, Harms & Riley, 2003）を使うとよいでしょう。All about ECERS-3 については，作成中です。

解を聞く機会が与えられると，保育者は啓発され，力づけられ，自信をもつようになります。

質の向上に向けて改善を続けるには，考えを共有したり，強みを見出したり，問題を解決したり，気がかりなことについて話し合ったりできる時間を有効に使わなくてはなりません。コーチはECERSのスコアシートを吟味し，評点が5以上の共通項目を割り出し，ほめます。これはつまり，それらの項目が徐々に「よい」から「とてもよい」と評価されるようになることで，発達にふさわしい実践に向かっていると言えます。強みを見出し，それらの項目を今後の保育や子どもの利益に結びつけることは，よい実践を強化するのに役立ちます。

保育者にはそれぞれに課題がありますが，改善が必要な問題とは，その園全体にわたり，別の保育室でその問題が観察されるのは一度や二度でないことが多いものです。これらの項目は，職員会議やワークショップ，専門性研修で取り上げるのが一番よいでしょう。園全体のECERSのスコアシートを吟味し，改善が必要な共通分野に対処することで，専門性を高めることができます。

ワークショップが，コーチ，園長，外部のコンサルタントのいずれによって進められたかに関わらず，ファシリテーターはそこで取り上げられたトピックに関連するECERSの項目について精通していることが重要です。たとえば，【項目32 望ましい態度・習慣の育成】についてのワークショップでは，肯定的

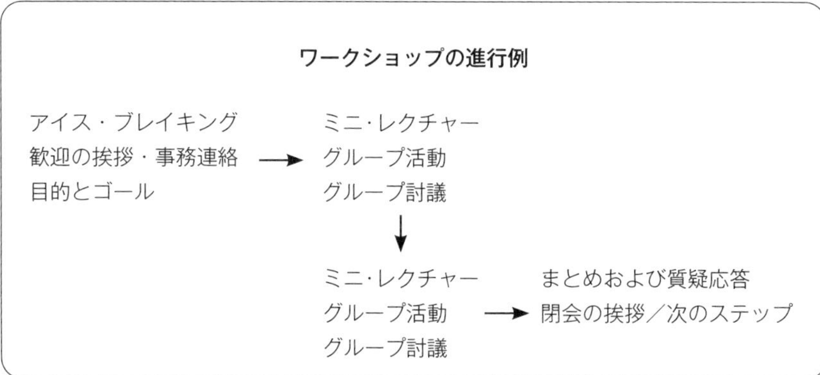

なやり方に焦点を当てます。ECERS が厳格または非情なやり方だとみなしているもの（例：おあずけをする，外で遊ぶ時間を与えない，その場から外す，黒板によくない行いまたは子ども個人の名前を書いて子どもをけなす，または辱める，子どもを脅す）を奨励すべきではありません。

ほとんどの園では，最低でも月１回職員会議を行います。それはたいてい，近日中に行われる行事などの進行または変更を，保育者に逐次連絡するために，園長が開きます。会議の時間を有効に使うために，保育者間の回覧，メール，職員用掲示板を活用し，情報共有シートの作成をおすすめします。それにより，課題となる特定の ECERS の項目について重点的に議論するために時間を使えます。たとえば，全クラスが園庭やホールを使える時間を確保できるように，園庭の利用スケジュールについて保育者から意見を募ることで，全員の子どもが十分に体を動かして遊ぶために何が必要かについての全体像を共有することができます。

専門性研修は，特定の ECERS のサブスケールや項目に重点的に取り組むために設けられ，午睡の時間や指定された打ち合わせの時間に集まることが多いでしょう。そこには一部または全部の保育者が，自主的にまたは要請されて集まります。専門性研修のねらいは，保育者が子どもに注目する点を共有することで，保育者間の協働を促進することです。専門性研修を通して，保育者は実践を分析したり改善したりするため協力し合います。専門性研修で ECERS を重視すると，保育者が「自分は何をするべきか？」という問いを超えて，「なぜこれが子どもたちにとって重要なのか？」と問うようになります。

コーチと園長のパートナーシップ

リーダーシップは，保育を変え改善するために重要なプロセスとみなされています。園のありさまは，リーダーのすることもしくはしないことで形作られていきます。リーダーは，園の設立の理念や存在の意義を保育者や保護者に伝えてなくてはなりません。リーダーのありようが，園の姿や保育の質に影響を与えます。

腕のいいコーチは，園長と連携が取れます。コーチと園長は変化をもたらすために連携する必要があるのです。園長らは中心的な役割を担うので，“質の門番”とも言える存在です。

コーチとして雇われた人たちは，直接に保育者と連携を取ります。それとともに，園長に積極的に関わり，コーチが何をしているか，改善の進捗状況やニーズについて常に把握してもらう必要があります。園長とコーチは協力して，園の保育の強みを吟味し，問題に取り組むために計画を練るべきです。第2章で述べたように，QRIS コーチは，保育の改善や保育者の指導について，園長をコーチングすることに重点的に取り組むことがよくあります。

ECERS のヒント

これらのヒントは，評点が低くなることが多いと述べられた項目だけでなく，多様な項目に影響を与える領域に基づいて作られました。項目には重複がありますが，それぞれの項目別にヒントを作成しました。下の ECERS へのヒントリストで取り上げられた項目の詳細については，付録Cの「遊具／教材チェックリスト」(pp.98-107) をご参照ください。

ECERS のヒント

- 評点は観察に基づいて決める。インタビューは行わない。１つの保育室に対し，観察を３時間行う。必要なことはすべて，その３時間内に観察されなくてはならない。
- ５点をつけるためには，３時間の観察中，戸外または屋内で，設備・用具を使った粗大運動遊びが少なくとも30分間なくてはならない。天候が許す限り，粗大運動遊びは戸外で行われるのが望ましい。移行時間，つまり保育者が粗大運動遊びの準備や後片づけ（上着の着脱，園庭・ホールなどと保育室間の移動）をする時間は，観察の30分には含まれない。降雨や健康被害警告がない限りは，子どもは毎日戸外に出るべきである。
- ５点をつけるためには，３時間の観察中，すべての子どもが自由遊びをしている，または活動センター／遊びの場が使える時間が最低１時間なくてはならない。すべての子どもが遊び始めるまで観察時間の開始を遅らせ，プランニング・タイムや前の活動を終了している時間（手洗い，食事をすませる）は含めない。保育者が片づけを告げたらすぐ，たとえ誰も片づけを始めていなかったとしても，観察時間のカウントをやめる。確実に最低1時間の条件を満たすために，午前中に自由遊びの時間を1時間以上取ることが望まれる。小グループで活動する時間が自由遊びの時間に組み込まれている場合，その活動への参加が義務づけられている間は，すべての子どもが自由遊びの機会があるわけではないので，1時間には含めない。この最低1時間という時間に言及しているECERSの項目は多くある。もし自由遊びの時間が1時間に満たなかった場合は，多くの項目が5点に届かないことになる。

- 遊びの場 vs 活動センター
  - ➢活動センターは遊びの場の一種であるが，すべての遊びの場が活動センターになっているとは限らない。
  - ➢活動センターとは，特定の遊びのために明確に区別された場所のことである。遊具／教材は種類別に分けて収納されていて，子どもが使えるようになっている。必要に応じて家具が使われ，遊具／教材に応じて，適切な広さがあり，遊べる子どもの人数が制限されていることもある。積み木遊びやごっこ遊びをする活動センターは，他の活動センターに比べて広いことが多い。活動センターにあるすべての遊具／教材は，その活動センターで行われる特定の遊びに関連したものであるべきだ。
  - ➢【項目3　遊びと学びのための室内構成】で5点をつけるには，「くつろぎの場」を含む，最低でも5つの活動センターが必要である。他の活動センターには，積み木･ごっこ遊び･手先を使う遊び･造形･コンピュータができる場，科学／自然遊びができる場，絵本コーナー，読み書きや数学が学べる場などがある。
  - ➢項目15・20・21で5点を得るために，絵本，積み木，ごっこ遊び，科学／自然遊びのための場は，活動センターの基準を満たし，1時間という必要最低限の時間を超えていることが必要である。
  - ➢やりとりが重要である。最も高い評点をつけるには，観察者がECERSの指標に記されたさまざまなやりとりの明確な具体例を60以上観察することになる。スケール全体にわたって，指標はやりとりの種類を識別し，特定のやりとりや保育者の言動が観察されなければならない回数を明らかにしている。
- 活動と活動の合間に3分以上の待ち時間が観察されるべきではない。
- すべての項目を明確にするための注釈も含み，ECERSのすべてに目を通し，よく理解しておくこと。

まとめ

コーチングにはさまざまなやり方がありますが，専門性研修やワークショップを通じて取り組まれることが多くあります。専門性の向上に関するほとんどの研究が，保育室でのコーチングやフィードバック，または保育方法や内容の講習などのフォローアップがあるとより効果的であることを示しています。つまり，ECERS 全体または項目に焦点を当てた単発のグループ研修を数回やったとしても，計画的なフォローアップがなければ，改善を続けていけないということです。

ECERS は複数のクラスに共通する，改善が必要な分野を特定できます。共通の気がかりに対する取り組みを始めるにあたって，グループ討議やワークショップを行うのが適切です。グループ活動や討議を通じて，保育者はECERS のサブスケールや項目に対する共通理解を深め，新しいやり方を学ぶことができます。また，子どもの成長や学びのありよう，学びの芽を育てる保育者の役割，望ましい実践から子どもがどんな利益を受けるかについての理解を深めることもできます。

クラスや園の保育の質の向上を持続させるために，コーチと園長の連携が必要です。コーチと園長は，ともに，目標を設定し計画を立て，どう変えていくかを考え，それらに責任をもたなくてはなりません。コーチと園長の関係が良好であれば，たとえ職員が入れ替わっても方針があいまいにならず，引き続き質の向上がめざされ，その姿勢が保たれます。コーチは，園長が保育者をよく指導できるようになるのを助けるだけにとどまらず，保育をよくしていくにはどうすればよいかを話し合い，ワークショップの材料を提供し，職員のスキルアップのために研修を企画するのを助け，持続的な質の向上に向かう努力に焦点を当てます。前項にある ECERS のヒントを皆で共有し，改善が必要な項目についての手がかりとするとよいでしょう。

第12章

結　び

最後に，保育の質を向上させる枠組みとして，コーチングとECERSを使用する目的に戻ります。保育の質に影響を与える気がかりなことを取り上げ，コーチングを行う際の課題に取り組みます。

子どもにとっての保育の質の向上

ECERSを使う目的は，子どもにとっての保育の質を向上させることです。そして，コーチングは単に評点を上げることが目的ではありません。コーチングの目標は，いつでも子どもが良質な保育を受けられることです。重要なのは，変化を持続させることです。ECERSの評定を上げるためのその場限りのパフォーマンスは，コーチングではありません。専門家は，ECERSは正当な評価を下せると認めており，アメリカのほとんどの州が，QRIS（保育の質測定と向上のシステム）でECERSを使用しています。

「早期教育や保育は子どもの発達を促進させるのか阻害するのか」の議論はもはや時代遅れです。一歩進んで，幼児教育に携わる人たちは「どうすれば保育がよくなるか」ということに力を注いでいます。その人たちが合意する点が1つあるとすれば，それは乳幼児期の保育における質とは，実に多様であるということです。

質とは，それを構成する要素が混ざり合ったり並び変わったりするものとして理解し，研究を進めることが最も適切なのかもしれません。ECERSでは，保育室で観察できる，保育者の思いやりや関わりなどの振るまい，遊具／教材，日課といった構成要素の存在を質と定義しています。保育実践の改善に利用できる有益なデータを，ECERSは提供してくれます。質に影響を与える要素は数多くありますが，最も重要なのは，子どもの発達ニーズが実際にどの程度説明できるかということでしょう。ECERSは，根拠のある子どもの発達理論や学習理論に基づいています。

子どもは，遊びや，遊具／教材を使う経験，環境，他の大人や子どもから学びます。子どもが自分で始め，主導権を握り，保育者が援助する形の遊びこそ，発達にふさわしい実践においてなくてはならない構成要素です（Bredekamp, 2016）。子どもは自然に遊びを思いつきますが，この遊びは子どもが探究したり実験をしたり自分のいる世界を理解したりする媒体として作用します。遊びを通して，子どもは新しいことを知らなかったことと結びつけて経験を積み重ね，遊ぶなかで自分は有能であり次に向かっていると感じることで自尊心を高めていきます（Colker & Koralek, 2018）。遊びは子どもにとって有益であり意味のあることです。発達にふさわしい実践では，子ども中心であり，幼児が遊びから学ぶこと，学びとは継続的なプロセスである，としています。質の高い保育室では，年齢や発達過程，一人ひとりの学びのスタイルに対応するために，保育者は子どもに合わせて指導の内容を変えていきます。

ECERSには，遊びを通して子どもは学ぶという認識があります。質の高い保育室では，保育者はデザイナーでありファシリテーター【訳注：進行役】です。小道具や遊具／教材を使い，活動をしながら，子どもが遊びを通して学べる最善の環境を保育者が作り出します。保育者は子どもとやりとりをしたり，オープンエンドの質問を投げかけたり，探究を励ましたりしながら，子どもの学びを支援するのです。これは，多様で豊かな環境と，子どもの活動を励ましながら興味を引き出す保育者の存在の両方があることで，より複雑な思考活動が発達するというヴィゴツキー（Vygotsky. L）の考え方に通じます（Berk & Winsler, 1995）。

環境は保育者の人となりを反映します。ECERSでは，遊びを引き出すために新しい遊具／教材を追加する，子どもをより細かく観察するためにオープンエンドの質問をする，子どもの学びを広げるためにタイミングよく指導を行う，といったことを保育者に奨励しています。子どもが直接経験を通して成長し学んでいくために，一人ひとりの意欲をかき立てたり勇気づけたりする活動や遊具／教材が必要とされています。専門性に基づいて最善の実践とは何かについて話し合うことで，教育実践としてのECERSの重要性や，子どもの成長や学びへECERSがもたらす影響について保育者の理解を深めることができます。

園長が，質の高い幼児教育を提供するための鍵の１つだと広く信じられています。優秀な保育者であっても，支援する園長がいなければ，質の高い教育・保育を提供する可能性は低くなります。園長の行動，努力，思考過程，目的，言葉，そして影響力が，保育者の能力に働きかけ，子どもとしっかりした関係性が作れるか，温かくて養護的な保育室の環境を作り維持できるか，につながっていきます。コーチと保育者が連携するときは，園長や理事長，自治体なども関わることが必須となります。

コミュニケーションの壁

コーチが努力しても保育室が改善されていないのは，コーチと保育者の間にコミュニケーションの壁があるからかもしれません。その場合，その壁を取り除くことに正面から取り組まなくてはなりません。

コーチと保育者の間にあるコミュニケーションの壁

- 聴けない
- 言葉が難しい
- 計画性がない
- 必要性の認識が足りない

聴けない，という壁

話が聴けないというのは，注意力が散漫になっていたり，やりとりに集中しなかったりというような状態です。この壁には，「話し合っていて，別のことを思いついたようですね。今，頭に浮かんでいることを教えてくれますか」というような発言で対処しましょう。その回答次第で，話し合いの予定を変更するか，気になっていたことの解決に役立つリソースを提供します。時には，壁があることに注目するだけでそれが取り除かれ，再び集中して話し合うのに役立つこともあります。

言葉が難しい，という壁

表現が難しかったり，ECERS特有の用語が理解されていなかったりするときにこの壁は生じます。たとえば，子どもからの要望に応じて保育者が音楽教材の保管戸棚を開けるようになっていれば，保育室内にある音楽の教材は子どもが「使える」状態であると，保育者が思い込んでいるかもしれません。このような場合，意味を共有するためにECERSの定義の再検討が必要になります。「使える」，「活動センター」，「自由遊び」，「取り組む」などの用語について議論することは，言葉をわかりやすくし考えを共有するのに役立ちます。

計画性がない，という壁

計画性がない，という壁は，当事者の間でコーチングのための準備が不十分なときに起こります。コーチとして，毎回のコーチングでねらいを明確にして，はっきりとわかる成果を必ず準備しなくてはなりません。コーチングの初めに，前回に決めていた目標やタスク（やること）を対話によって振り返ると，保育者の当日のコーチングに対する集中度が違ってくるでしょう。次回までに達成すべき目標やタスクを取り決めて終わることが大切です。次回への期待をまとめてEメールでフォローアップをすることや，関連する資源を提供することも役立つでしょう。

必要性の認識が足りない，という壁

必要性の認識が足りない，というのがコミュニケーションの最後の壁です。この場合，コーチングを受けている保育者自身が，変化の必要性や自分の仕事との関連性を理解していません。見方を変えれば，これは期待が明確にされていないためかもしれません。ならば，保育者（園長）をコーチングしている場合は，保育者（園長）に，共通理解を確かなものにするために必要な目標，タ

スク，改善点を自分の言葉で言い換えてもらうとよいでしょう。もう一方では，問題はもっと深いのかもしれません。子どもの発達がどのようであるか，どのように学ぶのか，質の高さとは何かについての見方を共有できていないことが関係しているのかもしれません。この場合は，ECERSの目的や，どのようにECERSが質に影響を与えるか，どのようにECERSの目的が保育の目標や子どもの育ちと合致するかについて，しっかり話し合うことが必要になります。子どもにとっての最善の利益を追求するために，合意点を見つけることも必要です。

あいまいな態度

コーチは，頼りになる，面倒見がよい，柔軟であると見られるように努力しており，時に先述した壁のいずれかに対してあいまいな態度をとることがあります。つまり，気になったことを率直に伝えられなかったり，否定的なフィードバックをすることを避けたりする，ということです。コーチが何度もコーチングに訪れているのに何の変化も見られない場合，もしくは取り決められたタスクが終わらないことが続く場合は，そのことをきちんと話し合わなくてはなりません。これは相手を非難したり自分の弁解をしたりするためではなく，問題解決に集中するためです。次のように口火を切ると，対話を始めることができるでしょう。「……ために，困っています」，「お会いすると……ということに気づきました」，「……に飽きているのではないですか」というようにです。すべての人が保育者としての適性をもっているわけではないし，コーチングを受けて子どもや自分のニーズに対する構えを変えられるわけでもありません。個人的なカウンセリング，あるいはコーチングの終了かやり直しが最善の行動かもしれません。

絶対にしてはいけないこと

ここでは，典型的な悪い実践や，評点が低くなる実践を取り上げます。子どもによい成果が現れてほしいのなら，以下の実践は質の高い保育室にふさわしくありません。

- クラス集団活動が長すぎること。子どもがじっと座っていられるとしても，そうすべきではありません。長すぎるクラス集団活動は，子どものより自発的な学びや参加を阻害し，自由に遊びを選択したり，遊具／教材が使えたりする時間を減らします。
- 報酬または懲罰として食べ物を利用すること。よくない行動に罰として食べ物を与えず，よい行動に報酬として食べ物を与えるようなことをしてはなりません。これでは，食べ物との間に不健全な関係性をもつ子どもを生み出してしまいます。
- サンド・ウォーターテーブルに遊具／教材として食物（例；米，小麦粉，コーンミール）を持ち込むこと。不衛生であり，保育室に望ましくない動物や虫を招きます。また，芸術活動に食べ物を取り入れること（例；プディングでフィンガーペインティングをする，リンゴに絵の具を塗ってスタンプとして使用する，食べ物やお菓子でコラージュを作る）に異議を唱える人も多くいます。これは食べ物を無駄にし，ばい菌を撒き散らすだけではなく，子どもたちが食べ物で遊ぶことを助長してしまうという理由からです。子どもが，おやつ作り，調理体験，実食体験（例；異なる種類のリンゴ，パン，スパイスを試してみる）へ参加することは奨励されます。なぜなら，これらの活動では食べ物として探究したり食べたりするからです。
- ジェンダーや人種，宗教，在留資格，言語，障がい，家族構成によって子どもを差別して，遊具／教材や活動センターを使わせなかったり，活動に参加させなかったりすること[*14]。具体例を挙げると，男児・女児のいずれも，ごっこ遊びや積み木遊びに取り組めるようにするべきです。また，障がいのある子どもの利用や参加を可能にするために，適切な配慮を行うべきです。
- 複数のテーブルやシンクの清拭の際，スポンジやふきん，ペーパータオル

＊14　これは，全米乳幼児教育協会の倫理綱領（NAEYC's Code of Ethics, 2011）に反する。

を使い回すこと。表面のばい菌を次から次へと広げてしまいます。

- 大人が自分の手を洗わないこと。保育者が必要に応じて確実に子どもに手を洗わせるようになったとしても，自分たちも同様に真面目に行っているでしょうか。単に手袋を着用すれば，細菌やウイルスの拡散防止のために適切な手洗いをしなくてもよいというわけではありません。
- 望ましい態度・習慣の育成やクラスルームマネジメント（クラス運営・管理）のために，厳格または非情な方法を用いること。大人は恐怖感を与えて子どもの振るまいを管理するべきではありません。非情な方法とは，懲罰を与えたり，子どもを身体的や精神的に傷つけたりすることです。身体的に傷つけることには，叩く，つねる，引っ張る，押すなどが含まれます。質の高い保育室ではまったく容認されない不適切な方法としては他に，子どもを辱める・からかう・けなすとか，大声を上げる・叫ぶ，怒って子どもに対応する，数分間以上子どもを隔離する，などがあります。
- 子どもから目を離すこと。子どもが安全に安心して過ごせるよう，保育室内外，体を大きく動かして遊ぶ場所で，大人が見守っていない状態に子どもを決して放置するべきではありません。大人は，子どもの安全を守るために必要に応じて介入するだけでなく，確実に子どもが見え，子どもの声が聞こえ，必要に応じて子どもを指導できるようにするために，定期的に子どもや場所を見て回るべきです。

よくある気がかりなこと

- ひとりまたはふたりのための空間がない。
- 手洗い・消毒がずさん，または適切な手順を踏んでいない。
- 安全性（明らかに大小のハザードがある）。
- 遊具／教材が十分にない（自然／科学，積み木，数学，造形）。
- 古い本が十分に修繕されていない。
- 戸外に出ない。
- クラス集団活動が長すぎる。
- 多様性が人種に限定されている。

- ごっこ遊びのテーマが１つしかない。
- 自由遊びが１時間ない。
- 保育者が食事中に子どもと同席していない。
- 子どもがコンピュータを使用する時間に制限がない。
- ものが散らかりすぎている。目の届かないところがある。
- 保育者主導の造形活動が多すぎる。
- 保育室で保育者が体に悪い飲食物を摂っている。
- トイレの水が流されていない。
- テーブルが適切に清拭されていない。
- 子どもの上着や服をしまう収納スペースが狭すぎて，他の子どものものと接触している。

ま と め

ECERSの目的は，幼児にとっての保育の質を上げることです。ある１日だけ高い評点を得ることが目的ではありません。子どもは毎日質の高い保育を受けるべきです。ECERSは持続的な質の向上のためのツールです。腕のいいコーチは，わかりやすくオープンなコミュニケーションと明確なフィードバックを行い，意思疎通を図ります。彼らは必要なときに率直なフィードバックと支援を行い，あいまいな態度をとりません。「絶対にしてはいけないこと」のリストと「よくある気がかりなこと」は，保育者と共有し，話し合いをしましょう。

付録 A 1 ▶改善計画シート

<table>
<tr><td>保育者名：</td><td>園(所)名：</td><td>コーチ：</td></tr>
<tr><td>日付：</td><td colspan="2">備考：</td></tr>
<tr><td>サブスケール　▶</td><td colspan="2">サブスケール得点：</td></tr>
<tr><td colspan="3">強み</td></tr>
<tr><td></td><td>責任者</td><td>期限</td></tr>
<tr><td>必要な遊具／教材</td><td></td><td></td></tr>
<tr><td>改善計画</td><td></td><td></td></tr>
<tr><td colspan="3">メモ：</td></tr>
</table>

付録Ａ２▶コーチング情報シート

参考までに，以下のことをお教えください。

お名前　　　　　　　　　　　　　　　　メールアドレス

園(所)名　　　　　　　　　　　　　　　園の電話番号

職名（当てはまるものの数字に丸をつけて下さい）

　１クラス担任　２クラス担任の補助　３全体の補助（フリー）　４学年主任

　５全体の主任　６施設長　７その他（具体的に　　　　　　　　　）

その立場についての在職年数　　　　年　　　か月

保育での経験年数　　　　　　　　　年　　　か月

◎『保育環境評価スケール』について（当てはまるものすべてに○をつけて下さい）

____　初めて知った。

____　保育環境の評価に使われていることは知っているが，実際に見たことはない。

____　スケールを使って評価してもらったことがあり，結果について詳しく見たことがある。

____　スケールについての講習を受けたことがある。

____　スケールの本を持っており，自分の保育室で使ったことがある。

◎自分の強みだと感じている点について３つ挙げてください。

1.

2.

3.

◎あなたが質を向上させていきたい分野／ことがらについて３つ挙げてください。

1.

2.

3.

◎あなたがコーチに期待することは何ですか？

付録Ａ3▶コーチング質問リスト

以下に，グループでのミーティングや個人へのコーチングで，対話を始めたり振り返りを促したりするために行うとよい質問を挙げます。

1．仕事で一番楽しいことは何ですか。
2．今週，仕事でうまくいったと思えたことは何ですか。
3．あなたの保育室で気になることは何ですか。
4．成果が出せる保育者（園長）はどんなことをしていますか。
5．子どものとき，どんなことが楽しかったですか。
6．大好きだった先生について教えてください。何か特別のことをしてくれましたか。
7．コーチとして，私はどのように援助していけばいいですか。
8．次の言葉で連想するような感覚や行動を教えてください：学び，指導，遊び，保育者，コーチング
9．あなたが今よりもよい保育者（園長）になるために，私はどのようなお力添えができますか。
10. あなたの保育者（園長）としての強みは何ですか。
11. ○○についてどう思いますか。
12. どうすれば私とあなたで○○ができると思いますか。
13. ○○のサブスケールについて，ポイントは何だと思いますか。なぜそれが子どもにとって大切だと思いますか。このサブスケールに関して，あなたは次に何をすれば，子どものために保育の質を上げていくことができますか。
14. 個別的な指導とは何だと思いますか。どのようなことですか。
15. 就学前になぜ自由遊びが大切なのでしょう。

付録Ｂ ▶相互関係のリスト

ECERSでは，評点を与えるために実例が一定の量求められます。スケール全体を通して60を超える相互関係についての指標があります。コーチとして保育者のサポートとフィードバックのために，〈サブスケール４▶相互関係〉内の項目（28～32）に加えて，注意深く見て，聞かなくてはならない項目と指標の一覧を示します。

項目４. ひとりまたはふたりのための空間：7.1
項目５. 子どもに関係する展示：3.3;5.4;7.2
項目10. 保健衛生：3.3;7.2
項目12. 語彙の拡大：5.2;7.3
項目13. 話し言葉の促進：5.4;7.1;7.3
項目14. 保育者による絵本の使用：7.1;7.2;7.3;7.4
項目15. 絵本に親しむ環境：5.4
項目16. 印刷（書かれた）文字に親しむ環境：3.2;5.3;7.2;7.3;7.4
項目17. 微細運動（手や指を使う）：5.3;7.1;7.3
項目18. 造　形：3.3;5.3
項目19. 音楽リズム：7.2;7.3
項目20. 積み木：3.4;5.5;7.3
項目21. ごっこ遊び（見立て・つもり・ふり・役割遊び）：5.3;7.2
項目22. 自然／科学：3.2;5.2;5.3;7.2
項目23. 遊びのなかの算数：3.2;5.2;7.1;7.2;7.3
項目24. 日常生活のなかの算数：3.1;3.2;3.3;5.1;5.2;7.1;7.2;7.3
項目25. 数字の経験：3.3;3.4;5.3;7.3;7.4
項目26. 多様性の受容：7.1；7.2
項目27. ICTの活用：5.4

その他の相互関係についてのコーチング

スケールの観察を一通り終えてから，必要に応じて小さな場面の観察に的を絞ってみたり，フィードバックのときに相互関係について焦点を合わせてみたりすると役立つことがあります。小さな場面とは食事中，登園時，自由遊び，粗大運動遊びのときに現れるでしょう。これらの観察のときに，保育者が言ったことや，子どもとのやりとりの中で学びをサポートする機会を見逃した箇所を細かくメモしておくと役に立ちます。以下に，小さな場面の観察のヒントになる質問を挙げておきます。保育者は，次のようなことをしていたでしょうか。

- 保育者は個別的にあるいは小グループで，展示物のことに触れましたか。
- 子どもの語彙が増えるように，保育者はどんなことを言いましたか。新しい言葉が導入されましたか。説明がされましたか。定義づけがありましたか。
- 子ども同士で話せるように，保育者は何と言いましたか。
- 保育者は，子どもが単純に繰り返したり，ひとことやふたことで簡単に答えたりしないように，どんな質問をしていましたか。
- 保育者と子どもの間で，どんな会話がありましたか。何について話していましたか。
- どんな活動センター（コーナー）や遊びの場があり，保育者は子どものしていることの何に関心を示しましたか。
- 保育者は，子どもの言葉の理解や読んだり書いたりすることを促すのに，どのように感想を言ったり質問をしたりしていましたか。
- 保育者は，子どもが算数にまつわる概念や考え方を進めるのに，どんなやりとりをしていましたか（1対1対応，数字の意味，指を使って数えること，広さや狭さに気づくこと，身の回りにある形，重さ，体積や容積，その他）。
- 保育者は，自然／科学について子どもの理解を促したり身の回りのことに関心をもつようにしたりするのに，どのように感想を言ったり質問をしたりしていましたか。
- 保育者は，子どもの論理的な考え方や関係する概念を理解することをサポートするのに，どのように感想を言ったり質問をしたりしていましたか。
- 保育者は，多様性について，子どもと個別的にまたはグループでどのような会話を交わしていましたか。
- 保育者は，いつ，子どもが遊具や教材で遊んでいるところに関わっていましたか。 何を言っていましたか。どんなことを話していましたか。
- 保育者は，個別的にあるいはグループで，現在クラスで進行中の活動やテーマに関係しての本を使ったり，やりとりをしたりしていましたか。

付録C ▶遊具／教材チェックリスト

以下のリストは，いろいろな活動センターに置かれる遊具／教材の例です。これらのものがすべて揃っていなくてはならない，ということではありません。コーチ，保育者，園長は，次に何を揃えていけばよいかの参考資料としてください。

項目15　絵本に親しむ環境

3.1　少なくとも15冊の本。
5.1　たくさんの本：10人の子どもに対しては少なくとも20冊。
7.2　現在のクラスの活動に関係している本が5冊。

絵本のテーマ

□　さまざまな能力	□　健康	□　自然／科学
□　さまざまな文化	□　職業／仕事	□　人々
□　さまざまな人種	□　男性と女性	□　スポーツ／趣味
□　感情	□　算数	

項目17　微細運動（手や指を使う）

3.1　選べるものが10ある。
5.1　4種類のカテゴリーがあり，各カテゴリーで少なくとも2つある。
7.2　容れ物や収納棚に，子どもが自分で出し入れできるようにラベルが貼ってある。

組み合わせブロック

□　ブリストルブロック	□　レゴ	□　ティンカートイ
□　デュプロ	□　リンカーンログ	□　その他（　　　　　）

造形の用具

□　クレヨン	□　プラ粘土	□　その他（　　　　　）
□　マーカー	□　ハサミ	
□　鉛筆	□　穴あけパンチ	

パズル

- □ 床上パズル
- □ 枠のあるパズル
- □ 取っ手付きパズル
- □ その他（　　　　　　　　　　　）
- □ パズルや微細運動の遊具に多様性が反映されたもの

操作性の遊具

- □ ギア
- □ リンクス
- □ ミスター・ポテト
- □ ナットとボルト
- □ パターンブロック
- □ ペグさしボード
- □ ポップビーズ
- □ 縫い物カード
- □ スナップブロック
- □ 紐通しビーズ
- □ 机上ブロック
- □ 線路
- □ ユニフィックス・キューブ
- □ ファスナー，スナップ，ボタンはめ遊び
- □ その他（　　　　　　）

項目18　造　形

＊用具を用いて描いたり作ったりするのに必要な用紙などが，もちろん必要です。

5.1　各カテゴリーから１つ以上。民族／文化的な多様性が反映されているかに注目。

線　画

- □ チョーク
- □ チョークボード
- □ クレヨン
- □ ホワイトボード
- □ マーカー

絵の具

- □ 指絵の具
- □ テンペラ
- □ 水彩
- □ その他（　　　　　　　　　　　）

立　体

- □ 空き箱
- □ 土粘土
- □ プラ粘土
- □ 木片
- □ 廃材
- □ その他（　　　　　　）

コラージュ

□ 羽	□ ペースト	□ 筒
□ フェルト	□ ポンポン	□ 綿球
□ 光り物	□ スパンコール	□ 卵パック
□ 古雑誌	□ 紐	□ その他（　　　　　）
□ 紙片	□ ボタン	

道　具

□ 穴あけパンチ	□ スポンジはけ	□ テープ
□ 粘土へら	□ スタンプ／スタンプ台	□ はけ
□ ローラー	□ ステンシル	□ その他（　　　　　）
□ ハサミ	□ ホッチキス	

項目19　音楽リズム

3.1　少なくとも3種類の音楽の遊具／教材。

5.1　楽器が最低10あるか，集団活動のときにどの子どもも1つの楽器を持つことができる。

3.1，5.1　保育者がCD等などをかけることも含み，子どもが触れる楽器1つとカウントする。

楽器等

□ ベル	□ マラカス	□ タンバリン
□ カスタネット	□ ピアノ	□ リストベル
□ シンバル	□ レインスティック	□ 木琴
□ 太鼓	□ リズムスティック	□ 民族楽器
□ キーボード	□ トライアングル	□ その他（　　　　　）
□ ギロ	□ シェイカー	

項目20　積み木

＊レゴのような組み合わせブロックや一辺が5cm以下の積み木はカウントしません。

3.1，3.2　2人の子どもがそれぞれ遊ぶのに十分な広さ，量，付属品がある。

5.1　3人の子どもがそれぞれ遊ぶのに十分な広さ，量，3種類の付属品がある。

5.2 積み木はラベルのついた開放棚に収納されている。付属品の容れ物と棚にラベルがついている。

7.1 大型積み木がある。

積み木

小さな積み木	中～大型積み木
□ 木	□ 木
□ フォーム【訳注：柔らかい積み木】	□ ダンボール
□ プラスチック	□ プラスチック

付属品

□ 動物
□ 小さな人間
□ 車
□ その他：道路標識，フェンス，木，小さな建物など（　　　　　　　）

＊＊付属品は積み木遊びの楽しさを増すものであって，損なうようなものではいけません。もし車や人形が積み木を邪魔するものなら，カウントしません。

補　足

［注］積み木遊びのスペースは，遊びを妨げるような他の目的で使われてはいけません。

□ 多様性
□ 人種
□ 文化
□ 年齢
□ 異なる能力
□ 伝統にとらわれないジェンダー役割

項目21　ごっこ遊び（見立て・つもり・ふり・役割遊び）

＊積み木や微細運動遊びのコーナーにある，小さな遊具はこの項目ではカウントしません。

3.1 家族ごっこをして遊ぶことができる。

5.1 人形，子どもサイズの家具，おもちゃの食べ物，ままごと道具，男の子・女の子用の衣装，いろいろな職業のユニフォームなど，量も種類も多く，複数のテーマに沿ったごっこ遊びのための遊具／教材がある。

7.1 少なくとも４つの種類の多様性。

家族ごっこ（ままごと）

最低限
- □ こどもサイズの家具（キッチンセット，鏡台等）
- □ 食器
- □ 人形
- □ 男の子と女の子の衣装
- □ おもちゃの食べ物

あるとよいもの
- □ 人形の服
- □ 人形の家具（ベッド，いす，ベビーカー等）
- □ 鏡
- □ ぬいぐるみの動物
- □ 電話
- □ その他

いろいろな仕事

- □ 建設業(帽子，シャベル，工具など)
- □ 農業／造園業（すき，シャベル，種子袋，かぼちゃなど）
- □ オフィス・ワーク（事務用品，机，カバンなど）
- □ 郵便局（郵便ポスト，封筒，はがき，郵便カバン，制服，制帽など）
- □ レストラン（テーブルと椅子，メニュー，ままごとのお金，エプロンなど）
- □ 消防士（ホース，制服，バケツ，ヘルメット，ブーツなど）
- □ 病院（絆創膏，医者カバン，人形など）
- □ お店（レジスター，おもちゃの食べ物，ケース，かご，おもちゃのお金など）
- □ 動物園（ぬいぐるみその他の動物，チケット，お金など）
- □ その他

おとぎ話

- □ 衣装（帽子，ケープ，ドレス，王冠など）
- □ 魔法グッズ（杖など）
- □ 怖くないお面など
- □ いろいろな登場人物のグッズ
- □ その他

レジャー

- □ ボート
- □ キャンプ
- □ 釣り
- □ パーティー
- □ ピクニック
- □ スポーツ
- □ お祭り
- □ その他

多様性を表すもの

- ☐ 文化で異なる調理用具(中華鍋など)
- ☐ 人形（異なる人種，文化）
- ☐ 障がい者の使う道具
- ☐ さまざまな文化の食べ物のおもちゃ
- ☐ メニュー
- ☐ 多文化の衣装
- ☐ その他

項目22　自然／科学

＊教材は科学コーナーに置かれていないと評点はつけられません。

3.1　2つのカテゴリーから少なくとも5つの自然／科学の遊具／教材がある。

3.3　適切な遊具を使って砂や水で遊べる。

5.1　5つのカテゴリーから，自然／科学の最低5冊の絵本を含み，少なくとも15の自然／科学の遊具／教材がある。砂や水は15のうちの1つに数える。

7.2　1つ以上の飼育動物／栽培植物が観察され，世話をされていたり話題になったりしていることが求められる。

間近で観察したり世話をしたりできる小さな生き物

- ☐ アリの巣
- ☐ 魚，カタツムリその他の生物の水槽
- ☐ 蝶を育てるキット
- ☐ クラスのペット
- ☐ 孵化する卵
- ☐ 植物
- ☐ 鳥の餌箱
- ☐ 虫
- ☐ その他

自然物

- ☐ 鳥の巣
- ☐ 種子のコレクション
- ☐ 異なる種類の木材
- ☐ 透明ケースに入った昆虫
- ☐ 木の葉
- ☐ 木の実
- ☐ 松かさ
- ☐ 石
- ☐ 貝がら
- ☐ その他

［注］プラスチックの虫と恐竜は科学教材とはみなしません。

図鑑，自然科学のピクチャーゲーム

- □ 5冊の本（1つと数える）
- □ 科学のボードゲーム
- □ 絵合わせ（例：身体の部分）
- □ 自然物や生き物の成長のパズル
- □ 同じ手触りのものを合わせるゲーム
- □ 匂いあての缶
- □ その他

自然／科学の用品

- □ 双眼鏡，望遠鏡
- □ 自然物を計る天秤ばかり
- □ へら
- □ 万華鏡
- □ てこ
- □ 磁石とくっつくもの，くっつかないもの
- □ 拡大鏡
- □ マイクロスコープとスライド
- □ プリズム
- □ センサリー・ボトル（水と油など）
- □ トルネード・チューブ
- □ 雨量計
- □ その他

砂・水とおもちゃ（室内・戸外）

- □ バケツ
- □ じょうご
- □ 計量カップ，スプーン
- □ 手おけ
- □ くまで
- □ 砂の型抜き
- □ スコップ
- □ シャベル
- □ ふるい，茶こし
- □ スプレーボトル
- □ ターキー・ベイスター
- □ こて
- □ 壊れない容器
- □ その他

＊＊ウォーター・テーブルは自然／科学コーナーに置かれていなくてもかまいません。もし単独で置かれているなら，別の活動を提供するコーナーとしてカウントします。

項目23　遊びのなかの算数

＊ポスターや絵本，その他の展示物や数字のついたおもちゃなどを対象にはしていません。
＊＊1つの教材は1つのカテゴリーに入れます。

3.1　3つのカテゴリーそれぞれから2つの遊具／教材がある。
5.1　少なくとも各カテゴリーから3つずつ，計10以上の遊具／教材がある。
7.1　算数の遊具／教材がクラスで話題となっていることに関連がある。

数える／量の比較

- □ そろばん
- □ セルの中に印を入れるなどしてチャートやグラフを作る活動
- □ さいころ／ドミノ
- □ ５や10の枠
- □ 多少を比べるゲーム
- □ さいころゲーム
- □ 数字を対応させるペグさしボード
- □ カード遊び
- □ 個数と数字を合わせるゲーム
- □ 数を数えて数字のついた箱に入れるゲーム
- □ ユニフィックス・キューブ
- □ その他

計る／大きさを比べる／部分と全体（分数）

- □ 天秤ばかりと計るもの
- □ 体重計
- □ ２分割部分を合わせるゲーム（分数）
- □ 身長のチャート
- □ 計量カップ，スプーンと計るもの
- □ 重ねコップ
- □ 図形パズル
- □ 重ねパズル
- □ 定規，ヤードスティック，巻尺
- □ 形合わせゲーム（分数）
- □ 温度計
- □ その他

形に親しむ

- □ 立体形
- □ 違う色や形，大きさの多角形ブロック
- □ 輪ゴムで形を作る釘さしボード
- □ マグネットシートの図形
- □ 寄木パズル
- □ 形作りパズル
- □ 形の分類
- □ 型抜き定規
- □ 形がラベルに描かれて分類されているユニットブロック
- □ その他

項目25　数字の経験

3.1　展示物にいくつか数字がついている。

5.1　子どもが見て数字の意味がわかるような遊具／教材が，少なくとも３例ある。

展示物の数字

＊数字の意味がわかる絵がついていないといけません。

☐ 活動センターの定員が絵やマークを見たらわかるようなシールで示してある。
☐ 数字のポスターがあり，個数，人数を表した数字と絵や写真が関連づけられている。
☐ 出席シート（出席／欠席の子どもとその人数がわかるような写真やシール）
☐ クラスで作ったチャート（絵図）やグラフ
☐ その他（　　　　　　　　　　　　　　　　　　　　　　　　　　　　　）

数字のついた遊具／教材

☐ 電卓
☐ 数のカード
☐ レジスター
☐ 数の絵本
☐ さいころ／ドミノ
☐ レシート，値札など
☐ 数字のマグネット
☐ 値段のついたメニュー
☐ 紐通しの数字カード
☐ 数字のパズル
☐ スピナー
☐ 電話
☐ おもちゃの時計
☐ 数字のスタンプ，スタンプ台

数字の意味がわかるような遊具／教材

☐ 数字と絵に描いてあるものの数を合わせるカード
☐ 釘と穴のそれぞれに数字がついていて合わせられるペグ・ボード
☐ トランプ
☐ １本指，２本指などのパズル
☐ 数字のピースと同じ数のドットが描いてあるピースを組み合わせるパズル
☐ 数字カードのゲーム
☐ その他（　　　　　　　　　　　　　　　　　　　　　　　　　　　　　）

項目26　多様性の受容

＊遊具／教材が容易に目につくところにないと評点は与えられません。本については，表紙の絵や写真に多様性が見てとれるものでないといけません。

[注]『新・保育環境評価スケール①３歳以上』pp.52-53参照。多様性が認められるには，対になってないといけません。たとえば，１つのアイテムの中に一対の多様性が認められる（障がいのある子どもとない子どもの両方が写っている写真のようなもの），２つのアイテムが近いところに置いてある（異なる人種の２つの人形がごっこ遊びの場所に置いてある，積み木遊びのおもちゃとして年齢がさまざまな人々のフィギュアがある）。

3.1　人種や文化の多様性を示す遊具／教材が，最低３例ある。

5.1　ごっこ遊びのセンターに，異なる人種や文化を表す小物が最低２例ある。

5.2　多様性を肯定的に示しているものが，本，掲示物，遊具それぞれに少なくとも１例，全部で最低10例ある。　＊5.1と5.2でもカウントするが両方ともではない。

5.3　保育室内の遊具／教材は，５種類の多様性のうち，４種類の多様性について表している。

本

＊表紙を見た時に多様性が容易にみてとれるものでないといけません。

□　人種　□　年齢　□　伝統にとらわれない性別役割

□　文化　□　さまざまな能力

掲示物

＊クラスの子どもとその家族の写真はカウントしません。

□　人種　□　年齢　□　伝統にとらわれない性別役割

□　文化　□　さまざまな能力

遊　具

＊例：人形，操り人形，おもちゃの食べ物，文化によって違う食器，人のフィギュア，人形のための車椅子，多様な文化からの楽器，パズル

□　人種　□　年齢　□　伝統にとらわれない性別役割

□　文化　□　さまざまな能力

付録D ▶ハザードの定義

ECERSの〈項目11　安全〉の注釈には以下のようにあります（p. 23）

大きな安全上のハザードとは，深刻な負傷の危険性が非常に高いものである。小さなハザードとは，負傷をしても軽い程度のものとか，見守りが適切であるとか，子どもの傾向とか，その危険性の頻度などによって事故は起こりそうもないというものである。

室内外の大小のハザードの例

ハザードの大小を決めるのに，危険が起こりそうな程度と子どもがそれに出会う程度を考えたときに，それが急を要するものか医療が必要になるものか，また保育者の見守りがあったり子どもが近づけないようにしたりすればよいのか等，自問してみましょう。もし見守りが適切であれば事故は起こりにくくなります（例：園庭に出る通路に大きなエアコンの室外機があり，子どもが近づきすぎないように側に立つなど，保育者が事故を起こしそうなところに立っている）。

＊注：ここに挙げたものはチェックリストではなく，最近の保育室観察で見つかったハザードの例です。

- ウォーター・テーブルやシンク，その他水回りの近くにあるコンセント差込口にカバーがない。
- 洗剤や薬品が，子どもの手が届くところにある。
- 空気洗浄機の排気口が子どもの高さにある。
- 子どもがいるところの電球に，ガラスが粉々になったり割れたりしたときの危険防止がない。
- 子どもがひっかからないように巻き上げておかなくてはならないのに，ブラインドやシェードの紐が垂れ下がっている。
- 気温が高いときの，園庭の固定遊具の表面温度。
- 通りに面しているのに車止めがない。
- 子どもが挟まれそうな隙間。
- 園庭のゴミ（タバコの吸殻，空き瓶）。
- エアコンの室外機が園庭に出る通り道にあり，子どもに排気があたり，また子どもが走ってぶつかったり，機械の角で怪我をしたりしそうである。
- 年齢にふさわしくない園庭の固定遊具（高さなど）。

- ２階以上の保育室で窓に柵がない。
- 子どもが上り下りする階段に手すりがない。
- 子どもの手の届くところに熱い食品が置かれたままになっている。
- 大きくて重いものが固定されないまま棚の上などにあり，落ちると子どもが怪我をしそうである（例：テレビ，コンピュータ，CD プレイヤー）。
- 子どもの手が届き，鍵のかかっていないところにある医薬品。
- ナイフなどの刃物（大きなハサミ，カッター）。
- 大きな階段，ボイラールームその他危険な場所に行く扉が開けっぱなしであったり，鍵がかかっていなかったりする。
- 「子どもの手の届かないところに置くこと」と注意書きされたものが，子どもの手の届くところにある。
- 有害なものが園庭周辺にある。
- 園庭の境界線を示す杭が尖っている。
- 金網の破れたフェンス。
- フェンスに尖った部分がある。
- 排水口に蓋がない。
- 保育室内に指を挟むようなところがある。
- 床のタイルが欠けている。
- 清掃用の洗剤や薬品が，子どもの手が届かない，または施錠されていないところにある。
- 落下のときの緩衝材の範囲が狭い。

以上は，2016年ニュージャージー質評価センターのスタッフにより作成されたものです。

参考文献

American Academy of Pediatrics, American Public Health Association, National Resource Center for Health and Safety in Child Care and Early Education. (2011). *Caring for our children: National health and safety performance standards; Guidelines for Early Care and Education Programs* (3 rd ed.). Elk Grove Village, IL: American Academy of Pediatrics. Retrieved from cfoc.nrckids.org

Barnett, W. S. (2011). Effectiveness of early educational intervention. *Science,* 333, 975-978.

Berk, L. E. & Winsler, A. (1995). *Scaffolding children's learning: Vygotsky and early childhood education.* Washington, DC: National Association for the Edu- cation of Young Children.

Bohart, H., Charner, K. & Koralek, D. (2015). *Spotlight on young children: Exploring play.* Washington, DC: National Association for the Education of Young Children.

Bredekamp, S. (2016). *Effective practice in early childhood education* (3 rd ed.). Boston, MA: Pearson.

Caffarella, R. S. & Barnett, B. B. (1994). Characteristics of adult learners and foundations of experiential learning. *New Directions for Adult and Continuing Education,* 1994(62), 29-42. doi:10.1002/ace.36719946205

Camilli, G., Vargas, S., Ryan, S. & Barnett, W. S. (2010). Meta-analysis of the effects of early education interventions on cognitive and social development. *Teachers College Record,* 112(3), 579-620.

Charlesworth, R. (2015). *Math and science for young children* (8 th ed.). Boston, MA: Pearson.

Christakis, E. (2016). *The Importance of Being Little.* New York, NY: Penguin Books.

Colker, L. J. & Koralek, D. (2018). *High-quality early childhood programs: The what, why, and how.* St. Paul, MN: Redleaf Press.

Collins, M. F. (2014). Preschool: Sagacious, sophisticated, and sedulous: The importance of discussing 50-cent words with preschoolers. In A. Schillady (Ed.). *Spotlight on young children: Exploring language and literacy* (pp. 14-21). Washington, DC: National Association for the Education of Young Children.

Copple, C., Bredekamp, S., Koralek, D. & Charner, K. (Eds.). (2013). *Developmentally appropriate practice: Focus on preschoolers.* Washington, DC: National Association for the Education of Young Children.

Cryer, D. Harms, T. & Riley, C. (2003). *All about the ECERS-R.* Raleigh, NC: Pact

House Publishing, Kaplan Early Learning Company.

Curtis, D. (2017). *Really seeing children.* Lincoln, NE: Dimensions Educational Research Foundation.

Curtis, D. & Carter, M. (2015). *Designs for living and learning: Transforming early childhood environments* (2 nd ed.). St. Paul, MN: Redleaf Press.

Curtis, D., Lebo, D., Cividanes, W. C. M. & Carter, M. (2013). *Reflecting in communities of practice: A workbook for early childhood educators.* St. Paul, MN: Redleaf Press.

Daly, L. & Beloglovsky, M. (2014). *Loose parts: Inspiring play in young children.* St. Paul, MN: Redleaf Press.

Dombro, A. L., Jablon, J. R. & Stetson, C. (2011). *Powerful interactions: How to connect with children to extend their learning.* Washington, DC: National Association for the Education of Young Children.

Elias, M. J., Zins, J. E., Graczyk, P. A. & Weissberg, R. P. (2003). Implementation, sustainability, and scaling up of social-emotional and academic innovations in public schools. *School Psychology Review,* 32, 303-319.

Englehart, D., Mitchell, D., Albers-Biddle, J., Jennings-Towle, K. & Forestieri, M. (2016). *STEM play: Integrating inquiry into learning centers.* Lewisville, NC: Gryphon House.

Epstein, A. S. (2014). *The intentional teacher: Choosing the best strategies for young children's learning.* Washington, DC: National Association for the Education of Young Children.

Erikson Institute, Early Math Collaborative. (2014). *Big ideas of early mathematics: What teachers of young children need to know.* Boston, MA: Pearson.

Hamre, B., Hatfield, B., Pianta, R. & Jamil, F. (2013). Evidence for general and domain-specific elements of teacher-child interactions: Associations with pre- school children's development. *Child Development,* 85 (3), 1257- 1274. doi:10 .1111/cdev.12184

Hansel, R. R. (2017). *Creative block play: A comprehensive guide to learning through building.* St. Paul, MN: Redleaf Press.

Harms, T., Clifford, R. M. & Cryer, D. (2005). *Early childhood environment rating scale* (rev. ed.). New York, NY: Teachers College Press.

Harms, T., Clifford, R. M. & Cryer, D. (2015). *Early childhood environment rating scale* (3 rd ed.). New York, NY: Teachers College Press.

Isbell, R. & Yoshizawa, S. A. (2016). *Nurturing creativity: An essential mindset for young children's learning.* Washington, DC: National Association for the Education of Young Children.

Jablon, J. R., Dombro, A. L. & Johnsen, S. (2016). *Coaching with powerful inter- actions: A guide to partnering with early childhood teachers.* Washington, DC: National Association for the Education of Young Children.

Katz, L. (1972). Developmental stages of preschool teachers. *Elementary School Journal*, 73(1), 50-54.

Kostelnik, M. J., Soderman, A. K., Whiren, A. P. & Rupiper, M. L. (2015). *Developmentally appropriate curriculum: Best practices in early childhood education* (6 th ed.). Upper Saddle River, NJ: Pearson.

National Association for the Education of Young Children. (2011). *NAEYC code of ethical conduct and statement of commitment.* Washington, DC: Author.

National Association for the Education of Young Children. (2009). Developmentally appropriate practice in early childhood programs serving children from birth through age 8 . Retrieved from www.naeyc.org/sites/default/les/globally -shared/downloads/PDFs/resources/position-statements/PSDAP.pdf

National Early Literacy Panel. (2008). *Developing early literacy: Report of the National Early Literacy Panel.* Executive summary. Washington, DC: National Institute for Literacy.

Schickedanz, J. A. & Collins, M. F. (2013). *So much more than the ABCs: The early phases of reading and writing.* Washington, DC: National Association for the Education of Young Children.

Seplocha, H. (2017). Using high level questions during read aloud. In J. Strasser & L. M. Bresson, *Big questions for young minds: Extending children's thinking* (pp. 57-62). Washington, DC: National Association for the Education of Young Children.

Seplocha, H. & Strasser, J. (2009). Using fanciful magical language in preschool. *Teaching Young Children,* 2 (4), 17-19.

Shonkoff, J. P. (2017). Breakthrough impacts: What science tells us about supporting early childhood development? *Young Children,* 72 (2), 8 -16.

Strasser, J. & Bresson, L. M. (2017).*Big questions for young minds.* Washington, DC: National Association for the Education of Young Children.

Tomlinson, H. & Hyson, M. (2012). Cognitive development in the preschool years. In C. Copple (Ed.). *Growing minds: Building strong cognitive foundations in early childhood* (pp. 33-40). Washington, DC: National Association for the Education of Young Children.

Washington, V. (Ed.). (2017). *Essentials for working with young children* (2 nd ed.). Washington, DC: Council for Professional Recognition.

Whitebook, M., McLean, C. & Austin, L. J. E. (2016). *Early Childhood Workforce*

Index—2016. Berkeley, CA: Center for the Study of Child Care Employment, University of California, Berkeley.

あとがき

1980年にアメリカで開発されたECERSは，40年の歴史を経て，アメリカ国内だけではなく，調査や保育の質の向上のツールとして，世界の多くの地域で利用されるようになりました。総合的な保育の質測定尺度であるECERSは，国や文化の違いを超えてその「使いでの良さ」が認められたものでしょう。

保育の質の定義は多様であり，すべての質を測定する万能の尺度はないという認識が共有されつつあると思います。一方で，尺度を用いて数値化することで保育の質を可視化する必要性が強くなってきたのが，日本の昨今の状況といえるでしょう。保育の量的拡大は必要なことではありますが，質の担保を伴わなければ子どもの育ちに悪影響を及ぼします。いろいろと「ツッコミどころ」があるとはいえ，ECERS（翻訳『新・保育環境評価スケール①3歳以上』）は保育の質を数値という見えるものにし，その数値を手がかりに保育の質を改善する有効な手立てとなります。

とはいえ，厳しい条件の中で保育に取り組む保育者の方々にとって，「よい」「とてもよい」と言われるならまだしも，自分の保育が「最低限」「不適切」と言われてしまうことが決して気持ちのよいことでないのは確かです。その気持ちがわからなくもないですが，そのように評される保育を受けている子どもの身になったとしたら，どうでしょう。

Coaching with ECERS の著者ホリー・セプロチャ氏は，保育の質をよくすることは「子どものためである」と繰り返し述べています。コーチングの出発点は，まさに，ここにあるといえましょう。ECERSを使うことは「聞きたくないことを聞く」「言いたくはないことを言う」関係とともにあります。それは容易とはいえませんが，「子どものため」なのです。保育者とコーチあるい

はコーチングを行う立場の人は，その目的に向かってともに歩んでいかなくてはなりません。

この度『保育コーチング―ECERS を使って』を上辞することができ，大変嬉しく思います。共訳者の辻谷真知子さん，宮本雄太さん，渡邉真帆さんに心より感謝申し上げます。また，出版に際し，いつものように法律文化社の田靡純子さんに大変お世話になりました。長年のお付き合いを本当にありがたく思っています。

なお翻訳の責はすべて監訳者である私にあります。本書を使う人にとってわかりやすい表現となるよう，大胆な意訳を行った部分もあります。現在評価スケールを使ってくださっている方，これから使おうという方，皆様にとって本書が保育の質向上に向けて使いでのよいひとつのツールになることを心より祈念します。

2020年３月

訳者を代表して　埋橋　玲子

索　引

（　）は関連項目を表す

あ　行

か　行

さ　行

た　行

な　行

は　行

ま　行

や　行

ら　行

◉監訳・訳者紹介

埋橋　玲子（うずはし　れいこ）[監訳]

同志社女子大学現代社会学部現代こども学科教授。ECERS-J（保育環境評価スケール研究会）代表。専門は保育評価，イギリスの保育制度。アメリカでECERS，ITERS，FCCERSの著者らによるトレーニングを受けた。日本では保育環境評価スケールの翻訳の出版を行うとともに，スケールを用いての評価実習を長年行い，合わせて保育現場でのスケールの活用についてのレクチャーを実践者とともに定期的に行っている。

主要な著書は『チャイルドケア・チャレンジ―イギリスからの教訓』（法律文化社，2007年），*Beginning School:USpolicies in International Perspective*（分担執筆，Teachers College Press, 2009年），『世界の幼児教育・保育改革と学力』（分担執筆，明石書店，2008年），『新・保育環境評価スケール①３歳以上』『同②０・１・２歳』『同④放課後児童クラブ』（翻訳，法律文化社，順に2017年，2018年，2019年），『新・保育環境評価スケール③考える力』（共訳，法律文化社，2018年）。

辻谷　真知子（つじたに　まちこ）[翻訳]

白梅学園大学・日本学術振興会特別研究員（PD）。東京大学大学院教育学研究科博士課程修了。博士（教育学）。専門は保育学。保育における規範（決まりごとやルール），戸外環境に関する研究を行う。

著著に『「体を動かす遊びのための環境の質」評価スケール―保育における乳幼児の運動発達を支えるために』（共訳，明石書店，2018年），『園庭を豊かな育ちの場に―質向上のためのヒントと事例』（共著，ひかりのくに，2019年）。

宮本　雄太（みやもと　ゆうた）[翻訳]

福井大学大学院連合教職開発研究科講師。日本学術振興会特別研究員（DC）。修士（教育学）。専門は保育学。保育における子どもの視点，民主主義，幼児の集まり場面における自己表出と自己抑制を主体性とケア性の観点から研究を行っている。

著書に『園庭を豊かな育ちの場に―質向上のためのヒントと事例』（共著，ひかりのくに，2019年 ），“The Exploration of Four-Year-Olds Potential: Focusing the Democratic Meeting During the Sports Festival Day” In *Children's Self-determination in the Context of Early Childhood Education and Services* (pp. 37-50).（３章執筆, Springer, Cham. 2019年），翻訳書に『「体を動かす遊びのための環境の質」評価スケール―保育における乳幼児の運動発達をさせるために』（共訳，明石書店，2018年）。

渡邉　真帆（わたなべ　まほ）[翻訳]

広島大学大学院教育学研究科博士課程後期（在学中）。修士（教育学）。専門領域は保育学，幼児教育学。幼稚園３歳児保育室における登園後の身支度場面について，物的環境の視点から研究している。

著書に『複線径路・等至性アプローチ（TEA）が拓く保育実践のリアリティ』（分担執筆，特定非営利活動法人 ratik，2019年）。

◉著者紹介

ホリー・セプロチャ（Holly Seplocha）

ウイリアム・パタソン大学乳幼児教育学教授。ニュージャージー州質評価センター局長。教師，行政職，大学教授，保育者養成，コンサルタント，調査などに40年以上のキャリアがある。リーダーシップ，多様性，保護者との連携，リテラシー等についての多くの著作があり，国内外で多くの保育者，行政職，保護者対象に講演を行い，多くの調査研究に携わっている。

ECERS-3とECERS-Rのきわめて信頼性の高いアセッサーであるとともに，指導的な立場にある。

全米乳幼児教育協会（NAEYC）の発行する *Young Children* の編集に携わり，協会の年次大会では注目されるプレゼンターである。

Horitsu Bunka Sha

保育コーチング――ECERSを使って
新・保育環境評価スケール［別冊］

2020年6月10日　初版第1刷発行

著　者　ホリー・セプロチャ
監訳者　埋橋玲子
訳　者　辻谷真知子・宮本雄太・渡邉真帆
発行者　田　靡　純　子
発行所　株式会社　法律文化社

〒603-8053
京都市北区上賀茂岩ヶ垣内町71
電話 075(791)7131　FAX 075(721)8400
https://www.hou-bun.com/

印刷：西濃印刷㈱／製本：㈱藤沢製本
装幀：白沢　正

ISBN978-4-589-04091-6